DIOSAS

Niké de Samotracia

DIOSAS

Mitos en primera persona

Papel certificado por el Forest Stewardship Council®

Primera edición: enero de 2025

© 2025, Niké de Samotracia
© 2025, Penguin Random House Grupo Editorial, S. A. U.
Travessera de Gràcia, 47-49. 08021 Barcelona

Penguin Random House Grupo Editorial apoya la protección de la propiedad intelectual. La propiedad intelectual estimula la creatividad, defiende la diversidad en el ámbito de las ideas y el conocimiento, promueve la libre expresión y favorece una cultura viva. Gracias por comprar una edición autorizada de este libro y por respetar las leyes de propiedad intelectual al no reproducir ni distribuir ninguna parte de esta obra por ningún medio sin permiso. Al hacerlo está respaldando a los autores y permitiendo que PRHGE continúe publicando libros para todos los lectores. De conformidad con lo dispuesto en el artículo 67.3 del Real Decreto Ley 24/2021, de 2 de noviembre, PRHGE se reserva expresamente los derechos de reproducción y de uso de esta obra y de todos sus elementos mediante medios de lectura mecánica y otros medios adecuados a tal fin. Diríjase a CEDRO (Centro Español de Derechos Reprográficos, http://www.cedro.org) si necesita reproducir algún fragmento de esta obra.

Printed in Spain – Impreso en España

ISBN: 978-84-666-7942-8
Depósito legal: B-19.241-2024

Compuesto en M. I. Maquetación, S. L.

Impreso en Gómez Aparicio, S. L.
Casarrubuelos (Madrid)

BS 7 9 4 2 8

A mi padre

ÍNDICE

PREFACIO	13
CAPÍTULO I. EL ORIGEN	19
CAPÍTULO II. MITO DE LAS RAZAS	37
Mito de Prometeo	39
El diluvio. Deucalión y Pirra	45
CAPÍTULO III. LOS DIOSES DEL OLIMPO	49
POSIDÓN	50
ZEUS Y HERA	55
Mito de Ío	57
Mitos de Sémele y Dioniso	62
Mito de Calisto	70
Mito de Europa	72
Mito de Leda	74
Mito de Leto: Apolo y Ártemis	75
APOLO	78
Mito de Dafne	79
Mito de Jacinto	82
Mito de Cipariso	83
Mito de Coronis y Asclepio	85
ÁRTEMIS	87
Mito de Aretusa	89
Mito de Acteón	90
Mito de Orión	92
ATENEA	93
Mito de Aracne	96

Mito de Nictímene	99
AFRODITA	99
Mito de Clitie	103
Hermafrodito	104
Mito de Adonis	106
Mito de Pigmalión	111
Mito de Atalanta e Hipómenes	112
Mito de Eros y Psique	116
Afrodita, Anquises y Eneas	124
HERMES	126
HEFESTO	129
CAPÍTULO IV. LOS INFIERNOS. HADES, DEMÉTER Y PERSÉFONE	133
Topografía del Hades	138
El viaje al Más Allá	139
El matrimonio infernal: Hades y Perséfone	140
Los grandes castigados	145
Ticio	146
Tántalo	147
Sísifo	148
Ixión	150
Las danaides	151
Tragedias catábicas	152
Orfeo y Eurídice	152
CAPÍTULO V. JASÓN Y LOS ARGONAUTAS	155
CAPÍTULO VI. LA ARGÓLIDA. PERSEO	163
CAPÍTULO VII. HERACLES	169
Los doce trabajos de Heracles	174
1. El león de Nemea	174
2. La hidra de Lerna	175
3. El jabalí de Erimanto	175
4. La cierva de Cerinia	176
5. Las aves de Estínfalo	176
6. Los establos de Augías	177
7. El toro de Creta	177
8. Las yeguas de Diomedes	178

    9. El cinturón de Hipólita 178
    10. Las vacas de Gerión 179
    11. El can Cerbero 180
    12. Las manzanas de oro de las hespérides 181
CAPÍTULO VIII. HISTORIA MÍTICA DE TEBAS. EDIPO 185
    Origen y fundación de Tebas 186
    Layo recupera su trono legítimo. Nacimiento y llegada
       de Edipo a Tebas 189
    Edipo, rey de Tebas 192
CAPÍTULO IX. CRETA Y ATENAS. TESEO Y EL MINOTAURO   203
    ¿Quién es Teseo? 206
    Exilio y muerte de Teseo 213
CAPÍTULO X. TROYA ANTES, DURANTE Y DESPUÉS
    DE LA GUERRA 215
    Saqueo de Troya 238
    El retorno de los griegos 241
BIBLIOGRAFÍA 247
CRÉDITOS DE LAS IMÁGENES 249

PREFACIO

En la mitología griega las mujeres son las grandes castigadas, ya sea como víctimas de los deseos incontrolables de los dioses o por la ira que provocan los celos de las propias diosas hacia las mortales. Cuando los dioses quisieron escarmentar a los hombres, lo hicieron en forma de mujer: crearon a Pandora y esta abrió la caja que contenía todos los males, lo que la convirtió en la culpable de todas las desgracias de la humanidad. Pero no debería extrañarnos, pues, al fin y al cabo, los textos que narran los mitos están escritos por hombres…

Diosas, en cambio, da voz a las mujeres, sin cambiar las fuentes originales, y pretende que empatices con ellas, porque no son culpables de nada de lo que les sucede, sino víctimas de una sociedad en la que el hombre estaba por encima de la mujer. Ellas son las maltratadas, las violadas, las acosadas, las raptadas, las transformadas en todo tipo de cosas y las castigadas por su belleza.

Este libro no tiene más ambición que la de ser una recopilación de las fuentes clásicas más importantes, para que te adentres en un mundo maravilloso y fascinante, donde todo se regía conforme a la voluntad de los dioses, que tenían un papel primordial en los comportamientos y decisiones humanas.

El objetivo es suscitar el interés por la Antigüedad clásica, y está narrado en primera persona para hacerte partícipe directo de sus intrincadas historias. Se recogen los testimonios tanto de las inmortales como de las mortales, porque, en definitiva, todas las mujeres son diosas.

Los antiguos griegos poseían una mitología tan rica que quizá haya que hablar en plural, de mitologías, pues, según qué poeta narre cada mito, existen diferentes versiones y tradiciones.

Los dioses imponían justicia y se encargaban del buen gobierno, tenían sentimientos como el amor o la ira, encarnaban valores y virtudes y su antropomorfismo los hacía más cercanos, pero también mostraban sus debilidades. Se podría decir que eran dioses humanizados y con sus intervenciones castigaban o protegían a los mortales.

Los mitos servían para explicar fenómenos de la naturaleza —como por ejemplo el ciclo de Deméter, directamente relacionado con la germinación, el crecimiento y la maduración del trigo— en una cosmovisión helénica muy particular. Constelaciones, estrellas, la Vía Láctea…, existe toda una mitología del firmamento en la que metaforizaron, por analogía icónica, los cuerpos celestes con lo que ellos conocían. Todas las historias de héroes, semidioses, objetos como la lira, el altar, la corona de Ariadna (que no es otra que la Corona Boreal), animales y todos los signos del zodíaco que conocemos tienen una explicación mitológica detrás, llamada «catasterismo», es decir, su colocación entre las estrellas. Además, los mitos también servían para ofrecer un modelo de conducta humano.

Incluso hoy en día estamos rodeados de mitología: por ejemplo, las plantas y las flores —la menta, las rosas, el jacinto, el girasol, las violetas…— surgen de transformaciones en el paso de la vida a la muerte, como la sangre de Adonis que se transforma en anémonas o la flor del narciso, que toma su nombre del personaje que se enamora de su propio reflejo.

En un primer momento, los mitos fueron narraciones orales que, evidentemente, iban modificándose con el paso del tiempo y las variaciones que los poetas iban introduciendo. Más adelante, Hesíodo y Homero plasmaron estos grandes mitos en sus obras. En la *Teogonía*, Hesíodo nos cuenta el origen del mundo, las genealogías de los dioses, la configuración del panteón olímpico, la creación de la primera mujer (Pandora) y de los mortales, todos ellos gobernados por los dioses. Homero, por su parte, nos dejó la *Ilíada* y la *Odisea*, consideradas como las principales epopeyas del mundo griego.

Los antiguos griegos tenían tan presentes a los dioses que los respetaban también pensando en el Más Allá. La idea de que morir era un viaje y que disponer un entierro honroso aseguraba que el alma pudiese descansar estaba profundamente enraizada en sus creencias religiosas.

La mitología griega, a través de las obras literarias que hemos comentado antes, ha ejercido una amplia influencia sobre la cultura en general y el arte en particular. Contamos con representaciones mitológicas en cerámica, escultura, pintura y arquitectura, así como con los templos dedicados a las diferentes deidades.

En el Partenón, destinado a albergar la colosal estatua crisoelefantina de Atenea Pártenos, y que fue un símbolo de la victoria de los griegos sobre los persas, se plasmó la historia mítica del Ática en cada uno de los frontones; en el frontón oriental se esculpió el nacimiento de Atenea de la cabeza de Zeus en presencia de los dioses; en el otro frontón se escenificó la lucha entre Posidón y Atenea por la soberanía de Atenas. En el largo friso se esculpieron trescientos setenta personajes que participaron en las Panateneas, la fiesta principal de Atenas. Los ciudadanos libres de Atenas aparecen recibidos por héroes y dioses. Las noventa y dos metopas narran la Gigantomaquia y la Amazonomaquia, así como la Centauromaquia y la guerra de Troya. El Partenón es uno de los edificios religiosos más importantes para los griegos y en él la mitología está más que presente, del mismo modo que lo estaba en la vida cotidiana.

No hay que caer en el error de que los romanos cogieron los mitos de los griegos y cambiaron el nombre de sus dioses como si de una copia se tratase, pues, aunque es cierto que ambas mitologías coexistieron y tuvieron influencias una sobre la otra, los romanos no explicaban los orígenes universales, sino los del género humano, y en particular los de su estirpe. Como veremos en el capítulo dedicado a la guerra de Troya, los romanos se consideraban descendientes de los dioses a través de Eneas, quien tras la destrucción de Troya huyó junto a un pequeño grupo de ciudadanos hasta otras tierras, donde nacería la nueva estirpe romana.

Lo que hicieron los romanos, a partir del siglo I a. C., fue adaptar y reelaborar las bases de los mitos importados de Grecia para dar forma a otros nuevos que fuesen asimilados y tolerados por la mayoría mediante la *interpretatio,* por la que equiparaban divinidades extranjeras con sus propios dioses, basándose en su iconografía, sus atributos y el estatus de la divinidad. Por ejemplo, tanto Zeus como Júpiter son gobernantes divinos del mundo, pero ni este ni los demás eran exactamente iguales a sus correspondencias griegas. Además, los romanos tenían algunos dioses propios, como Jano, los lares, Carmenta, Flora o Vortumno, entre otros.

La religiosidad griega y la romana eran muy diferentes. Para los romanos sería impensable realizar un sacrificio a una única divinidad; ellos invocaban a varios dioses, porque su gran poder era que el trabajo en equipo ayudaba a resolver un problema concreto.

Si nos fijamos en la iconografía de los dioses, cada uno de ellos se puede distinguir por unos atributos que los caracterizan y les son propios; esto nos viene muy bien para poder reconocer de qué divinidad o héroe se trata en las representaciones artísticas:

- **Zeus**: Dios con poder supremo que gobierna a los dioses del cielo. Sus atributos son el águila y el rayo.
- **Hera**: Diosa del matrimonio, de la fecundidad y la maternidad. Se la representa con una diadema de reina. Su atributo es el pavo real.
- **Atenea**: Diosa de la guerra, de la sabiduría, de la razón y de los artesanos. Sensata, defensiva y justa, sus atributos son la lechuza, la lanza, la égida, el casco y el escudo con la cabeza de la gorgona Medusa.
- **Posidón**: Dios del mar, de las turbulencias marinas y las tempestades. Sus atributos son el caballo, el tridente, los delfines y los hipocampos.
- **Hades**: Dios del Inframundo junto con Perséfone. Sus atributos son el casco de piel de perro, el can Cerbero y la granada.
- **Ares**: Dios de la guerra bruta, siempre en actitud belicosa. Sus atributos son el casco, la espada y la coraza.
- **Deméter**: Diosa de la agricultura, de la fertilidad, de los cultivos del trigo y los cereales. Sus atributos son la espiga y la cornucopia como símbolo de la abundancia.
- **Apolo**: Dios de la belleza masculina, de la poesía y la música. Identificado con el dios Sol, es una deidad profetizadora. Sus atributos son el arco, las flechas y la lira, que fue un regalo de Hermes.

- **Ártemis**: Diosa de la caza y del bosque. Se la identifica con la diosa lunar. Sus atributos son el arco y las flechas, la lanza, el perro, el ciervo y una luna en la frente.
- **Afrodita**: Diosa del amor y de la belleza (desde el juicio de Paris). Sus atributos son la concha, las palomas, las rosas y el mirto.
- **Hermes**: Dios de los viajeros y del comercio, mensajero de los dioses y de las almas (psicopompo). Sus atributos son las sandalias aladas, el sombrero alado (pétaso), la clámide y el caduceo.
- **Hefesto**: Dios del fuego y de las artes metalúrgicas. Sus atributos son el yunque, el martillo y las tenazas.
- **Dioniso**: Dios del vino y las bacanales, de la agricultura y la fertilidad. Sus atributos son el vino, las uvas, el tirso, la corona de pámpanos y la piel de leopardo.

Espero que disfrutes de la lectura de este libro y que cuando veas una obra artística, bien sea pintura, escultura, arquitectura o cerámica, puedas reconocer a los dioses o al mito que representan.

Bienvenido al Olimpo y que los dioses te acompañen.

CAPÍTULO I

EL ORIGEN

CAOS Y COSMOGONÍA

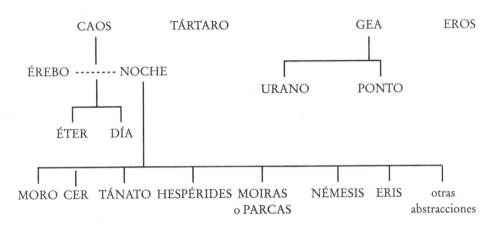

Cantaré a la Tierra, madre de todas las cosas, bien cimentada, antiquísima, que nutre sobre la tierra todos los seres que existen: cuantos seres se mueven en la tierra divina o en el mar y cuantos vuelan, todos se nutren de tus riquezas. De ti proceden los hombres que tienen muchos hijos y abundantes frutos, oh venerable; a ti te corresponde dar y quitar la vida a los mortales hombres. Feliz aquel a quien tú honras, benévola, en tu corazón, pues todo lo tiene en gran abundancia. Para hombres tales la fértil tierra se carga de frutos, en el campo abunda el ganado, y la casa se les llena de bienes; ellos reinan, con leyes justas, en ciudades de hermosas mujeres, y una gran felicidad y riqueza los acompaña; sus hijos se vanaglorian con pueril alegría; las doncellas juegan y saltan, con ánimo alegre y en coros florecientes, sobre las blandas flores de la hierba. Tales son los que tú honras, veneranda, pródiga diosa.

Salve, madre de los dioses, esposa del estrellado Cielo. Dame, benévola, por este canto una vida que sea grata a mi ánimo; mas yo me acordaré de ti y de otro canto.[1]

Antes de la creación del mundo tal y como lo conocemos existía el Caos, el Vacío primordial, donde nada conservaba su forma y donde el Orden no había hecho todavía su aparición.

MI NOMBRE ES GEA, SOY LA MADRE TIERRA. Nací después de Caos y antes de Eros, el más bello de entre todos los dioses inmortales; en lo más profundo de mí vive el sombrío Tártaro. Hoy vengo a contaros el origen del mundo.

Del Caos nacieron Érebo (las Tinieblas infernales) y Nyx (la negra Noche), de la que surgieron Éter y Hémera, la Luz del Día, como fruto de sus encuentros amorosos con Érebo.

Yo necesitaba un compañero que me cubriese cada noche y fuese un lugar perfecto para los dioses; así que, a través de partenogénesis —es decir, sin intervención de ningún elemento masculino—, di a luz al estrellado Urano, el Cielo, y con él engendré la principal familia divina, la primera generación de dioses.

Pero antes de tener mi descendencia junto a Urano, necesitaba dar origen a las grandes montañas, que serían el hogar de las ninfas, y a Ponto, la personificación masculina del Mar.

Todo estaba en pacífica armonía, el viento era puro y el agua me rodeaba con sus largos brazos; fueron apareciendo fuentes naturales, estanques y lagos, ríos que fluían hacia el mar y playas que se fundían en mí.

Las estrellas se encendieron y habitaron la bóveda celeste para iluminar con sus bailes centelleantes todas mis regiones.

---

1. *Himnos homéricos*, «XXX: A la Tierra, Madre de todos».

GEA Y SU DESCENDENCIA

I. GEA Y URANO

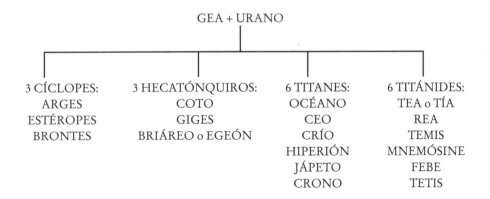

II. GEA Y PONTO

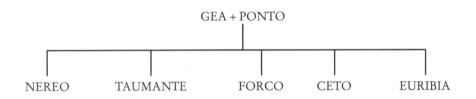

Uniéndome con Urano tuvimos una descendencia de doce hijos que ya no eran potencias primordiales como nosotros, sino dioses propiamente dichos. Esta primera generación la forman los titanes y las titánides.

Tuvimos seis hijos y seis hijas; los titanes: Océano, Ceo, Crío, Hiperión, Jápeto y Crono; y las titánides: Tea, Rea, Temis, Mnemósine, Febe y Tetis.

Crono, el más joven y terrible de todos ellos, lleno de odio hacia su padre, jugará un papel crucial que os contaré más adelante.

Por otra parte, también di a luz a los vigorosos y fuertes cíclopes, tres divinidades relacionadas con el rayo, los relámpagos y el trueno. Sus nombres son Brontes, Estéropes y Arges. Su aspecto era similar al de los primeros dioses, pero se diferenciaban de estos en que tenían un solo ojo en medio de la frente; y de ahí, por eponimia, les viene el apelativo de «cíclopes», que significa, «ojo circular».

Y aunque por superstición no debería nombrarlos, también engendré unos grotescos y violentos hijos; cien brazos y cincuenta cabezas salían de los gigantescos hombros de los hecatónquiros, llamados Coto, Briareo y Giges.

En cuanto Urano vio a estos terribles seres, los odió profundamente y los repudió. Cada vez que nacía un hijo monstruoso, le impedía volver a ver la luz introduciéndolo de nuevo dentro de mi seno sin dejarlos salir.

La fuerza que tenían, mezclada con la ira hacia su padre por castigarlos para siempre en la oscuridad, hacía que yo sufriera intensos dolores cada vez que se agitaban salvajemente dentro de mí.

No podía soportarlo más, necesitaba liberar a mis hijos y castigar al Cielo, su padre, por el comportamiento infame que tuvo hacia nosotros. Pero ¿cómo podría conseguirlo?

Me llevó unos días maquinar un plan que resultase perfecto, pero necesitaría ayuda..., una ayuda que solo podía pedir a mis otros hijos.

Afligida en mi corazón y consciente de que no sería tarea fácil, fui rogándoles uno a uno el apoyo necesario para vengar el ultraje de su padre.

Pero fue en vano, pues el miedo que le tenían impidió que me ayudasen, por más que yo se lo implorara. Solo Crono, el más joven y valeroso de todos, me dijo:

—Madre, cuente conmigo. Odio a mi progenitor con todas mis fuerzas, y fue él quien empezó toda esta obra indigna de un padre.

Sentí alivio y a la vez temor: ¿me ofrecía su ayuda para que pudiera vengarme de su padre o lo que él quería era el poder de reinar en el mundo?

Le conté el plan que había meditado y preparado al milímetro, donde no tenía cabida el más mínimo error, mientras dejaba una hoz dentada de blanco acero sobre su mano.

—Esta noche, cuando el Cielo deseoso de amor me cubra por todas partes y escuches sus rugidos, sal de tu escondite y con esa hoz de afilados dientes le cercenas los genitales a tu padre.

Ni una sola mueca de asombro asaltó el rostro de Crono, que asintió con la cabeza mientras me miraba con un brillo en los ojos que me hizo estremecer.

Por fin llegó Urano trayendo la noche y me cubrió por completo; Crono salió de su escondite llevando en la mano derecha la larga y terrible hoz que yo le había entregado y a toda velocidad, sin pensárselo dos veces, segó los genitales de su padre y los arrojó hacia atrás.

Giorgio Vasari, *Crono castrando a su padre Urano*.

Recogí con cuidado todas las gotas de sangre que cayeron sobre mí y con ellas di a luz a las erinias, que no tienen más ley que la de ellas mismas, y cuya misión es atormentar y castigar a quienes cometen crímenes contra su propia familia; a las melíades o ninfas de los fresnos y a los gigantes. Estos últimos son mortales a pesar de su origen divino, y para darles muerte es necesaria la intervención conjunta de un dios y un mortal, pero esta historia os la contaré más adelante.

El miembro cercenado de Urano cayó al mar y, abatido por grandes olas, salió de él una blanca espuma con la que se formó una hermosa joven: Afrodita, quien navegó hacia Citera y de allí se fue a Chipre acompañada de Eros.

Sandro Botticelli, *El nacimiento de Venus*.

Crono, junto con su hermana Rea como esposa, se proclamó rey de los titanes y liberó a sus hermanos de mis entrañas.

Después de la mutilación de Urano, me uní con Ponto, «la Ola», uno de mis hijos primitivos, y con él nacieron cinco divinidades marinas primordiales: Nereo, un dios benévolo para los marinos y padre de las nereidas; Taumante, padre de las harpías y de la veloz Iris; Forcis y Ceto, que engendraron a las grayas y a las gorgonas (Euríala, Esteno y Medusa); y a Euribia. También concebí a la monstruosa Equidna, quien junto a Tifón daría a luz a otros monstruos: el perro Orto, el terrible e infernal Cerbero, la hidra de Lerna (madre de Quimera) y al terrible dragón Ladón.

Al mismo tiempo, la Noche junto con Érebo engendró a Moro, el destino; a las keres, espíritus femeninos de la muerte y diosas de la muerte violenta; a Hipno y a Tánato, el sueño y la muerte sin violencia; al doloroso Lamento y a las hespérides, cuya función era vigilar, junto con el mencionado Ladón, un jardín de cuyos árboles brotaban manzanas de oro. La Noche también engendró a las moiras, las tejedoras del destino: Cloto, que creaba la vida a través del hilo de su rueca; Láquesis, que medía con su vara la longitud del hilo; y Átropo, que cortaba el hilo de la vida.

Además, de la Noche surgieron Némesis (la venganza), Engaño, Afecto, Vejez y Eris (la discordia), quien a su vez dio a luz a la Fatiga, el Olvido, el Hambre, el Dolor, la Falsedad, la Masacre, la Lucha, la Ambigüedad, la Mala Ley, la Ofuscación y también a Horco, que era la personificación de los juramentos, velaba por su cumplimiento y castigaba el perjurio.

Por su parte, mi hija Tetis se unió con Océano y dio origen a los ríos (Nilo, Alfeo, Erídano, Aqueloo, Nadón…) y a las ninfas de fuentes y árboles que cuidan de mí y de las profundidades del mar.

Del mismo modo Tea, enamorada de su hermano Hiperión, engendró a Helios, a la brillante Selene y a Eos: la tríada sol-luna-aurora.

Tras derrocar a Urano, mi hijo Crono reinó en el mundo y pronto se manifestó como un tirano, igual o peor que su padre: volvió a encerrar en el Tártaro a sus hermanos, los cíclopes y los hecatónquiros.

Pero yo no iba a permitir otra vez esta afrenta y ansia de poder, así que planeé otra revolución para liberarlos.

Crono se casó con su hermana Rea y engendró gloriosos hijos, una nueva generación de dioses: Hestia, diosa del hogar; Hera, diosa de la fidelidad y el matrimonio y reina del Olimpo; Deméter, diosa de la agricultura; Posidón, dios de los océanos; Hades, dios del Inframundo; y Zeus, dios de los cielos y rey de los dioses del Olimpo. Crono era el dueño del Universo, pero no tenía ni mi sabiduría ni mi conocimiento del porvenir, así que, como si de un oráculo se tratase, profeticé lo que iba a ocurrir: «Crono, de la misma manera que tú derrocaste a tu padre, un hijo tuyo te destronará a ti y será el rey de todos los dioses».

Crono, identificado posteriormente en Roma como Saturno, temeroso de que mis palabras se cumpliesen, cada vez que mi hija Rea daba a luz a un hijo suyo, él se lo comía. Devoró a la primogénita Hestia, después a Deméter y Hera, y tras ellas a Hades y Posidón.

Mi hija Rea estaba tan angustiada y furiosa que, estando embarazada del último, de Zeus, me pidió ayuda y yo le dije que diese a luz por la noche y en secreto en una cueva de Dicte, un monte de Creta, y que entregase el bebé a los curetes y a las ninfas Adastrea e Ida, para que lo criasen. Y así lo hizo. Las ninfas alimentaron a Zeus con miel y leche

Francisco de Goya, *Saturno devorando a su hijo*.

de la cabra Amaltea y los curetes lo custodiaban golpeando sus escudos con las lanzas cada vez que Zeus lloraba, para que Crono no lo oyese. Como cada vez que daba a luz a uno de sus hijos, mi hija acudió a Crono para entregárselo, pero esta vez no fue un niño lo que le ofreció, sino una roca del tamaño de un recién nacido envuelta en pañales. Crono se tragó la piedra sin darse cuenta del engaño, creyendo que devoraba al niño Zeus.

Rea entrega a Crono una piedra envuelta en pañales.

De esta manera, Zeus estaba a salvo y la profecía seguía su curso para que se cumpliesen los destinos. Pasó el tiempo y Zeus se hizo adulto con la idea de vengar a sus hermanos. Pidió ayuda a Metis, hija de Océano, que le proporcionó un brebaje que haría vomitar a Crono todos sus hijos; al mismo tiempo solicitó a su madre, Rea, que le hiciese copero de Crono, a lo que ella accedió de buen grado. Crono no sabía que el copero era en realidad su hijo, así que se bebió el elixir dulce que le ofreció; de pronto empezó a encontrarse mal y lo vomitó todo: primero la piedra y luego a cada uno de los hijos que se había tragado, ilesos y ya adultos.

Zeus exigió a sus hermanos y hermanas que, en agradecimiento por haberlos salvado de la oscuridad, se uniesen a él para encabezar una guerra contra los titanes, que sería conocida como la Titanomaquia. Todos los dioses pactaron un juramento de lealtad sobre un altar para combatir junto a Zeus y, una vez alcanzado su objetivo, los dioses catasterizaron[2] el altar como recuerdo, dando lugar a la constelación del Altar.[3] Los mortales lo consagraron como garante de sus alianzas y juramentos: con el gesto de alzar la mano derecha sobre el altar, lo hacían testigo de su buena voluntad.

Peter Paul Rubens, *La caída de los titanes*.

Durante la Titanomaquia, los titanes luchaban desde el monte Otris, al sureste de la llanura de Tesalia, y los olímpicos, liderados por Zeus, desde el monte Olimpo. Diez años duraba ya la guerra, que parecía no tener fin, cuando me vi obligada a intervenir: vaticiné a Zeus que solo conseguiría la victoria si se aliaba con mis otros hijos, los cíclopes y los hecatónquiros, que estaban en el Tártaro, recluidos y encadenados por Crono. Zeus se encaminó a lo más profundo de mí, quitó la vida a Campe, la guardiana, y rompió las cadenas que apresaban a mis hijos diciendo:

2. «Catasterizar» significa colocar en el firmamento.
3. Eratóstenes, *Mitología del firmamento*, Catasterismo 39: El altar.

> Oídme, famosos hijos de Gea y Urano, para que os diga lo que mi ánimo me ordena en mi pecho. Ya durante muy largo tiempo unos frente a otros luchamos por la victoria y el poder todos los días los dioses titanes y cuantos nacimos de Crono. Pero vosotros mostrad vuestra gran violencia y vuestras invencibles manos frente a los titanes en la terrible lucha, acordándoos de nuestra dulce amistad, como gracias a nuestra decisión salisteis de la oscura tiniebla de nuevo a la luz, tras haber soportado tantos dolores por la dolorosa cadena.[4]

En agradecimiento, los cíclopes entregaron a Zeus el rayo, el trueno y el relámpago; a Posidón, su arma más poderosa: el tridente; y a Hades, el yelmo de la invisibilidad. En cruel batalla se enfrentaron a los titanes con enormes piedras en sus manos, hicieron resonar el inmenso mar, surgió un gran estruendo de la Tierra y el ancho cielo se agitó haciendo vibrar el Olimpo. Zeus lanzó rayos, truenos y relámpagos sin parar e hizo que toda la tierra hirviese y las corrientes del Océano alcanzaran al divino aire en un calor ardiente insoportable que se apoderó del Caos. Cada vez que los dioses chocaban en violento combate se producía un terrible estruendo; los cíclopes lanzaron a los titanes trescientas enormes piedras, una tras otra, como si fueran dardos, que los cubrieron y los enviaron bajo tierra. Por decisión de Zeus quedaron ocultos y castigados a la oscuridad. Posidón les colocó unas puertas de bronce y rodeó el Tártaro con una muralla para que los titanes no pudieran salir.

Gracias a estas poderosas armas vencieron a los titanes, que pasaron a ocupar el lugar de los cíclopes en el Tártaro, vigilados por los hecatónquiros. Las titánides, en cambio, fueron perdonadas y al cabecilla de los titanes, Atlas, le impusieron un castigo ejemplar: sujetar sobre sus hombros la bóveda celeste para toda la eternidad. Los tres hermanos se repartieron el poder: Zeus obtuvo el dominio del cielo, Hades el Inframundo y Posidón el mar, y aunque en principio los tres dioses tenían el mismo poder, fue Zeus quien ocupó un lugar preeminente como divinidad suprema del Olimpo.

Pero yo estaba muy irritada, pues unos hijos míos se encontraban de nuevo en el Tártaro y la batalla debía continuar. Esta vez se enfren-

---

4. Hesíodo, *Teogonía*.

tarían mis hijos los gigantes, nacidos de la sangre de Urano cuando Crono le segó los genitales, con los olímpicos.

A este combate lo llamaron Gigantomaquia.

Giulio Romano, sala de los gigantes en el Palacio del Té de Mantua.

Los gigantes eran insuperables en tamaño y fuerza, tenían un aspecto monstruoso y arrojaban al cielo encinas encendidas y enormes piedras. Se había vaticinado que ningún gigante caería aniquilado por un dios sin la ayuda de un mortal o un semidiós, así que yo me apresuré a plantar una planta que transformase a mis hijos en seres completamente inmortales. Pero no tuve en cuenta la astucia de Zeus, que prohibió aparecer a Eos, Selene y Helios para que todo estuviese en la más absoluta oscuridad y la planta no creciese, con lo que logró destruirla. Zeus, con la ayuda de su hija Atenea, trajo al mortal Heracles y a Dioniso, hijos suyos también, para que apoyasen a los dioses y poder vencer a los gigantes.

¿Qué podía hacer yo para vengarme de ellos? Mis hijos los titanes seguían recluidos en el Tártaro tras ser expulsados del Cielo por Zeus, y ahora los gigantes también habían caído. La ira y la cólera que sentía no dejaban de crecer, me uní con Tártaro y di a luz a Tifón, el más terrible de los monstruos nacido de mí; aventajaba a todos sus hermanos en tamaño y fuerza, tenía una naturaleza mixta entre hombre y fiera, y de sus hombros nacían cien cabezas de serpiente de las que brotaba fuego. Si extendía los brazos con una mano tocaba Oriente y con la otra Occidente.

Tifón y Zeus comenzaron un duro combate que me hizo temblar y resonar terriblemente.[5] Entre los rayos de Zeus y el fuego desprendido por Tifón, yo gemía por el calor ardiente que dominaba el mar, el cielo y los huracanados vientos. Hicieron temblar a los titanes que estaban en lo más profundo de mí y hasta Hades, el rey del Inframundo que gobierna sobre los muertos, notó que hervía por esa incesante lucha.

Zeus saltó desde el Olimpo y quemó todas las cabezas de Tifón con el rayo, el trueno y el relámpago, después lo sometió a latigazos que provocaron terribles terremotos, y yo volví a gemir de dolor. Cuando Tifón estaba en el suelo, Zeus se le acercó con una gran hoz, pero Tifón se revolvió, le arrebató la hoz de las manos y le cortó los tendones de los brazos y las piernas. Tifón encerró a Zeus en la gruta Coricia y ocultó los tendones en una piel de oso custodiada por una dragona. Hermes y Pan lograron recuperar los tendones y colocárselos de nuevo a Zeus, que salió lleno de ira y decidido a matar a Tifón; su rayo no podía con él así que, mientras atravesaban el mar de Sicilia, Zeus lanzó el monte Etna contra él y lo aplastó, quedando en su interior para siempre.

Por eso, cada vez que Tifón grita, el Etna ruge.

---

5. El enfrentamiento entre Tifón y los dioses olímpicos recibe el nombre de Tifonomaquia.

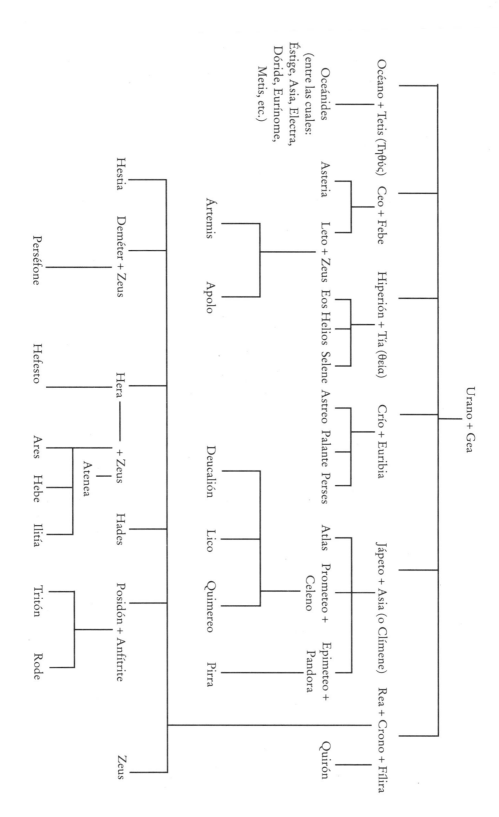

DESCENDENCIA DE LOS TITANES

1. OCÉANO Y TETIS

```
              OCÉANO + TETIS
        ┌──────────┴──────────┐
   3.000 OCEÁNIDES        3.000 RÍOS
```

Oceánides

1. ASIA + JÁPETO

```
        ┌───────┬───────┬───────┐
     ATLAS  PROMETEO EPIMETEO MENENCIO
```

2. PLÉYONE + ATLAS

PLÉYADES O ATLÁNTIDES

3. ELECTRA + TAUMANTE

```
        ┌────────┐              AELO
      IRIS   3 HARPÍAS  ←    OCÍPETE
                              CELENO
```

4. DÓRIDE + NEREO

50 NEREIDAS

5. DIONE + ZEUS

AFRODITA (según Homero)

6. PERSEIDE + HELIOS

```
    ┌───────┬────────┬────────┐
  EETES  CIRCE  PASÍFAE   PERSES
    │              ┌─────┴─────┐
  MEDEA          FEDRA      ARIADNA
```

7. PLUTO + ZEUS

TÁNTALO
PÉLOPE
ATREO...

— 33 —

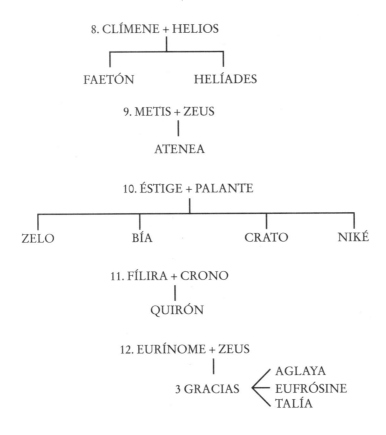

8. CLÍMENE + HELIOS
   - FAETÓN
   - HELÍADES

9. METIS + ZEUS
   - ATENEA

10. ÉSTIGE + PALANTE
    - ZELO
    - BÍA
    - CRATO
    - NIKÉ

11. FÍLIRA + CRONO
    - QUIRÓN

12. EURÍNOME + ZEUS
    - 3 GRACIAS ← AGLAYA, EUFRÓSINE, TALÍA

Ríos

1. ÍNACO > Genealogía argiva
2. AQUELOO > Fuentes y sirenas
3. NILO, SÍMOIS, ESCAMANDRO, etc.

2. CEO Y FEBE

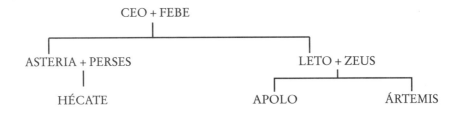

CEO + FEBE
- ASTERIA + PERSES
  - HÉCATE
- LETO + ZEUS
  - APOLO
  - ÁRTEMIS

3. CRÍO Y EURIBIA (PÓNTIDE)

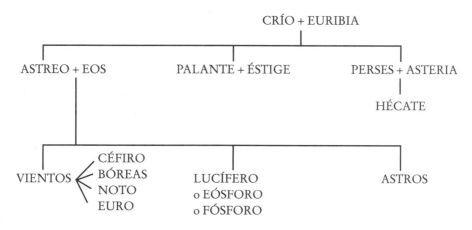

4. HIPERIÓN Y TEA

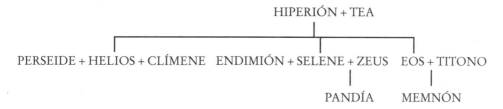

5. JÁPETO Y ASIA

6. CRONO Y REA

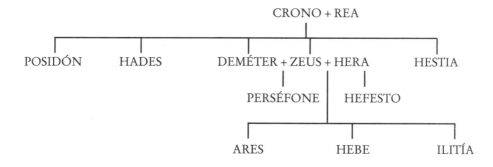

CAPÍTULO II

MITO DE LAS RAZAS

Los inmortales crearon una raza áurea de hombres mortales con un corazón sin preocupaciones, sin miseria y sin vejez.

Era la época de Crono, cuando él reinaba sobre el Cielo; los mortales vivían como los dioses y morían de forma dulce y sin dolor, encadenados por un sueño, Hypnos, aunque vivían muchos cientos de años. Estos primeros hombres no eran como nosotros, no tenían leyes, eran respetuosos y leales; no había castigo ni miedo ni guerras ni espadas; vivían felices y tranquilos, comían de lo que la Madre Tierra producía por sí misma en una eterna primavera sin herirla con el arado.

Era la Edad de Oro. Pasado el tiempo, la Tierra sepultó esta raza y Zeus los convirtió en démones, los responsables del bien de los hombres y dispensadores de riqueza.

Cuando Crono fue enviado al Tártaro y el mundo quedó bajo el poder de Zeus, nació una segunda raza de mortales que no se parecía en nada a los de la Edad de Oro; era la Edad de Plata y por primera vez hubo cambios bruscos de temperatura, por lo que los hombres tuvieron la necesidad de refugiarse en cuevas o casas hechas con espesas ramas.

Los niños crecían durante cien años junto a su madre en una época infantil y feliz, pero cuando llegaba la pubertad y la juventud vivían con sufrimientos durante poco tiempo, porque no rendían culto a los dioses ni hacían ningún sacrificio para ellos como era ley. Por no honrar a los dioses como era norma, Zeus los hizo desaparecer sepultándolos bajo la Madre Tierra.

Vino una tercera raza, creada también por Zeus, la de la Edad de Bronce, que tampoco se parecía en nada a las anteriores, pues esta era violenta y terrible: fuertes, rudos y con un corazón de acero, los miembros de esta raza eran adoradores de Ares y de los actos de guerra. Eran tan brutales que descendieron al Hades y allí les sorprendió la muerte al quedar también sepultados en el interior de la Tierra.

A la tercera no fue la vencida, como dice el refrán. De nuevo Zeus creó una cuarta raza sobre la fecunda Tierra, esta vez justa y con valores morales, una raza divina de héroes llamados «semidioses». Unos perecieron en Tebas, otros en Troya, pero todos ellos viven felices en la isla de los Bienaventurados, el lugar donde reposan sus almas.

Y, por último, la quinta raza, la de hierro, donde persiste la miseria y las preocupaciones, en la que conviven los bienes con los males mezclándose entre sí. Una raza en la que no existe el respeto ni la hospitalidad, sino el desprecio a los demás, donde prima la fuerza a la justicia, en la que el malhechor dañará a los hombres buenos; una raza de la que la mismísima envidia está orgullosa. La vergüenza, la sinceridad y la verdad dieron paso al fraude, al engaño y a la mentira.

Zeus planeó un gran diluvio para exterminar a la raza humana, pero permitidme que sea Pandora la que os cuente esa historia.

Paul Merwart, *El diluvio*.

Mito de Prometeo

MI NOMBRE ES PANDORA, SOY LA PRIMERA MUJER MORTAL creada por Hefesto y Atenea, por orden de Zeus, con la ayuda de todos los dioses; podría ser un orgullo para mí si no fuese porque me crearon para castigar a los hombres como venganza por lo que hizo el astuto Prometeo.

Prometeo es hijo del titán Jápeto, de la misma manera que Zeus lo es del titán Crono, así que son primos. Es conocido como el bienhechor de la humanidad que engañó a Zeus por amor a los hombres, ya que fue él quien los creó modelándolos con arcilla.

En una ocasión, Prometeo, durante un sacrificio solemne en Mecone, dividió un buey en dos partes; en un lado puso la carne y las entrañas cubiertas con el vientre del animal, y en el otro puso los huesos cubriéndolos con grasa blanca; después le pidió a Zeus que eligiese su parte, y la que él no quisiera se la entregaría a los hombres. Zeus cayó en la trampa de Prometeo y, pensando que la mejor parte era la de la grasa, eligió esa, pero cuando se dio cuenta de que eran los huesos se irritó tanto por la astucia y el engaño al que había sido sometido que sintió una profunda ira hacia Prometeo y los hombres, así que los castigó privándoles del fuego.

Jan Cossiers, *Prometeo trayendo el fuego*.

Prometeo no podía permitir que los hombres viviesen sin fuego, tan necesario para su supervivencia y progreso. Se enfrentó a Zeus de nuevo robando unas semillas de fuego del carro del Sol, aunque hay quienes dicen que lo cogió de la fragua de Hefesto y luego se lo entregó a los hombres. Zeus, al descubrir el nuevo engaño y la burla de Prometeo, irritado en su corazón, se dirigió a él con estas palabras:[1]

> Japetónida,[2] conocedor de los designios sobre todas las cosas,[3] te regocijas tras robarme el fuego y engañar mi mente, gran pena habrá para ti mismo y para los hombres venideros. A estos, en lugar del fuego, les daré un mal con el que todos se regocijen en su corazón al acariciar su mal.

Ese mal del que hablaba Zeus para los hombres era yo misma.

1. Hesíodo, *Teogonía*, «Los trabajos y los días».
2. Como ya se ha dicho, Prometeo es hijo del titán Jápeto, de ahí el apelativo.
3. Tenía la virtud de la adivinación.

Zeus ordenó a Hefesto que me crease, mezclando la tierra con el agua, semejante a la belleza de las diosas inmortales; cada uno de los diferentes dioses fue poniendo en mí una cualidad: belleza, gracia, habilidad manual, encanto, persuasión, me adornaron el cuello con áureos collares y las horas coronaron mi hermoso cabello con todo tipo de flores. Entre todos me hicieron irresistible a cualquier hombre, pero Hermes introdujo en mi corazón la mentira, un carácter voluble, palabras seductoras y falacias.

Zeus me insufló vida y voz y me llamó Pandora, «llena de dones», porque todos los dioses me dieron un don que sería sufrimiento para los hombres, comedores de pan.

Ahora solo faltaba ejecutar el plan.

Prometeo advirtió a su hermano Epimeteo que no aceptase ningún regalo que viniese de parte de Zeus, para que no llegase ningún mal a los mortales; pero no pudo resistirse a mis encantos y mi belleza, aceptó gustoso el regalo que le ofrecía el rey de todos los dioses y me desposó. Le entregó también una jarra que yo no podía abrir bajo ningún concepto, pero no obedecí y cuando quité la tapa de la jarra salieron de ella todos los males y todas las desgracias que podían afectar a los hombres: enfermedades, sufrimiento, guerras, plagas, preocupaciones, envidia... Asustada, cerré la tapa de la jarra tan deprisa como pude, y en el fondo quedó solo la esperanza; por eso la esperanza es lo último que se pierde...

Charles Edward Perugini, *La caja de Pandora*.

Zeus ya había completado el castigo a los hombres, ahora le tocaba a Prometeo. Ordenó a Hefesto que clavase el cuerpo de Prometeo en el monte Cáucaso y una vez allí lo encadenase a una roca para toda la eternidad. Cada día un águila le devoraba el hígado, pero este se regeneraba durante la noche, puesto que era inmortal. Para esta tarea, Zeus pidió a Hermes, el mensajero de los dioses, que acompañase a Hefesto al Cáucaso.

Una vez allí, Hefesto y Hermes buscaron el mejor lugar para que el encadenamiento del titán fuese seguro, pues no debía quedar cerca de la tierra, ya que los hombres podrían liberarlo. Prometeo intentó convencer a los dioses de que estaba siendo injustamente castigado. Mientras Hefesto y Hermes esperaban a que llegase el águila para poder irse de allí dejando a Prometeo crucificado, se estableció un diálogo entre los tres.

Supón incluso, Hermes, la broma más pesada; no ya que le hubiera asignado a Zeus la porción más pequeña, sino que se la hubiera quitado toda.[4] ¿Qué te parece? ¿Por eso había motivo, como dice el refrán, para haber revuelto el cielo con la tierra, recurrir a cadenas, cruces y al Cáucaso entero, enviar águilas del cielo y picotear mi hígado?[5]

Hermes lo acusó de haberles robado el fuego y de crear a los hombres sin necesidad alguna, a lo que Prometeo le respondió:[6]

¿Acaso los hombres no debieran haber existido en absoluto, y habría sido preferible dejarlos solo como mera tierra? ¿O debían ser modelados, pero de forma distinta, y no ser construidos según este esquema?

Ningún perjuicio se ha originado contra los dioses por ello, por haber traído a los hombres a la vida y es mucho mejor para ellos que si la tierra hubiese permanecido desierta y despoblada. La tierra era una extensión agreste e informe, cubierta toda de bosques salvajes; no había altares de dioses ni templos ni estatuas divinas ni tallas de madera ni nada parecido de cuanto ahora se encuentra en abundancia.

Así pues, se halla Zeus encolerizado, como si los dioses hubieran sufrido menoscabo desde el nacimiento de los hombres, a no ser que tema que también estos tramen un levantamiento contra él y hagan la guerra a los dioses como los gigantes.[7]

Y lo que más me angustia es que me censuráis por la creación de los hombres y sobre todo de las mujeres, sin embargo, las amáis y no dejáis de bajar a la tierra, transformados unas veces en toros, otras en sátiros y cisnes, y os dignáis a engendrar dioses con ellas.[8]

Y en cuanto al fuego, ¿acaso hemos perdido nosotros una partícula de fuego desde que existe también entre los hombres? Y aun en el caso de que os hubiera sustraído todo ese fuego y lo hubiera transportado a la tierra sin dejaros absolutamente nada, no os habría causado gran perjuicio,

---

4. Se refiere al reparto del buey y cómo engañó a Zeus para que se quedase con la peor parte.
5. Luciano de Samósata, *Diálogo de los dioses*, «Prometeo».
6. Luciano de Samósata.
7. Se refiere a la Gigantomaquia en la que los gigantes, hijos de Gea, pretendieron destronar a los dioses.
8. Alude a los amores de Zeus con Europa, Antíopa y Leda.

pues ninguna falta os hace al no tener frío ni tener que cocinar la ambrosía ni necesitar la luz artificial.

En cambio, los hombres necesitan emplear el fuego no solo para otros menesteres, sino para los sacrificios a los dioses.

No hay duda de que Prometeo es un excelente sofista, Hermes asentía, pero tenía que cumplir una única orden, la de crucificar a Prometeo.[9]

Hermes tenía una duda y aprovechó para preguntarle a Prometeo: siendo adivino como era, le sorprendía que no hubiese previsto que iba a ser castigado por esos motivos.

—Lo sabía, Hermes, como sé también que volveré a ser libre: no tardará en venir alguien de Tebas, hermano tuyo, a abatir con flechas el águila cuya venida sobre mí anuncias.

Prometeo estaba en lo cierto y finalmente de un flechazo Heracles acabó con la vida del águila y liberó al titán.

Peter Paul Rubens, *Prometeo encadenado*.

---

9. En otras versiones (Hesíodo, Diodoro y Apolonio) le encadenan a una roca.

El diluvio. Deucalión y Pirra

MI NOMBRE ES PIRRA, HIJA DE PANDORA (la primera mujer modelada por los dioses) y Epimeteo, y esposa de Deucalión.

Zeus, irritado por su comportamiento belicoso, terrible y vigoroso, quiso terminar con los hombres, así que les envió un gran diluvio que inundó la mayor parte de la Hélade, de manera que perecieron todos bajo las aguas.

Solo nos libramos del castigo mi esposo Deucalión y yo, devotos con las divinidades y puros de corazón. Deucalión es hijo de Prometeo y yo soy hija de Pandora; no había hombre más justo que él, ni mujer más respetuosa que yo.

Prometeo, conociendo las intenciones de Zeus de aniquilar la raza humana, aconsejó a su hijo que fabricase un arca en la que poder resistir junto a su mujer la ira del dios transformada en incesante lluvia y terribles olas.

Zeus encerró en una caverna a Eolo,[10] a Bóreas[11] y a todos los vientos que pudiesen dispersar las nubes cargadas de lluvia. Cuando todo estaba negro y lleno de condensados nubarrones, un rayo los atravesó comprimiéndolos y estos empezaron a derramar todo su contenido con una incesante y violenta lluvia. Pidió ayuda a su hermano Posidón, dios de los mares, quien sacudió la tierra con su tridente e hizo que se desbordaran ríos y manantiales, arrasando todo lo que pillaban a su paso, y que las olas del mar recubrieran a los hombres, las casas y los templos sagrados. Ya no había diferencia entre el mar y la tierra.

> Se asoman las nereidas[12] al ver bosques, ciudades y casas bajo el agua, los delfines nadan por los bosques chocando con las ramas más altas y sacudiendo los robles con sus golpes. Nada el lobo entre las ovejas, las olas arrastran a los rubios leones, arrastran a los tigres y de nada le sirve al jabalí tener la fuerza del rayo ni al ciervo arrastrado por las aguas la velocidad de sus patas; también los pájaros, tras haber vagado largamente en busca de un lugar en que posarse, caen al mar con las alas exhaustas.

10. Dios de los vientos.
11. Dios del viento del norte.
12. Ninfas del mar, hijas de Nereo.

El océano en su desenfreno sumerge las alturas, y las olas chocan, cosa nunca vista, contra las cumbres de las montañas. A la mayoría se los llevan las olas, y a los que no son perdonados por las aguas los doma el largo ayuno por falta de alimentos.[13]

Mi esposo y yo estábamos a salvo en el arca que construimos, gracias a que Prometeo nos advirtió y nosotros le obedecimos. Teníamos mucho miedo, no sabíamos qué nos depararía el futuro. El paisaje era desolador y las olas, cada vez más altas y furiosas, nos rodeaban creando una especie de remolino alrededor que hacía que el arca diese bruscos saltos.

Tras nueve largos días, con sus nueve noches, anduvimos a la deriva con el único consuelo de rezar a los dioses y pedirles que llegásemos a tierra firme, y al fin divisamos un monte que no había sido engullido por las violentas mareas.

Deucalión atracó en el Parnaso, un monte de la Fócide[14] donde se dice que residen las musas, nos bajamos del arca y nos dirigimos a una gruta donde realizamos todo tipo de oraciones a las ninfas del monte y a la diosa Temis,[15] que era la diosa de los oráculos. De entre todos los hombres y mujeres que antes habitaban la Tierra solo existíamos mi esposo y yo.

Zeus nos observaba desde el cielo y pudo ver que todo estaba arrasado e inundado, y que nosotros éramos inocentes y respetuosos con todas las divinidades. Apartó a Bóreas, el dios del frío viento del norte, y mostró el cielo a la tierra, y a la tierra el cielo; y volvió todo a su sitio, pero desértico.

Deucalión entre sollozos gritó: «¡Ojalá pudiera volver a dar vida a los pueblos utilizando las artes de mi padre, infundiéndole un alma a una figura de barro!».[16]

Vimos un templo en ruinas y nos dirigimos hacia allí. Cuando llegamos a la escalinata nos arrodillamos y, temblorosos, besamos el sue-

---

13. Ovidio, *Metamorfosis*, Libro Primero.
14. Región de Grecia entre Beocia y el sur de Tesalia.
15. Titánide, hija de Gea y Urano. Tenía el don de la profecía y lo ejerció en el Parnaso antes de que se estableciera allí el oráculo de Apolo.
16. Ovidio, *Metamorfosis*, Libro Primero.

lo al mismo tiempo que suplicábamos ayuda para reparar el daño que nuestra raza había sufrido. La diosa pronunció el siguiente oráculo: «Abandonad el templo, cubríos las cabezas y soltaos las ceñidas ropas, y arrojad a vuestra espalda los huesos de la gran madre». Deucalión y yo nos quedamos en silencio largo rato intentando entender el significado de esas palabras, no entendía que tuviese que arrojar los huesos de mi madre y no estaba dispuesta a hacerlo, pero también temía que la diosa se ofendiese si desobedecía. Rompí el silencio y mirando a mi esposo le dije que no estaba dispuesta a arrojar los huesos de mi madre. Deucalión, mirándome fijamente a los ojos y con voz tranquilizadora, me dijo: «Mi querida esposa, no tienes que arrojar los huesos de Pandora; la gran madre es la Tierra y sus huesos son las piedras que están en su cuerpo, no nos está ordenando ninguna impiedad».

No tenía muchas esperanzas de que significase eso, pero ¿qué podíamos perder con intentarlo? Nos cubrimos la cabeza como nos advirtió el oráculo y comenzamos a desenterrar piedras que lanzábamos por encima de nuestros hombros hacia atrás al tiempo que estas perdían rigidez y al caer a tierra se convertían en figuras humanas. De las piedras que lanzaba mi esposo nacieron los hombres y de las mías, las mujeres; los dioses quisieron que se crease una nueva raza de mortales de nuestra mano. Los animales y las plantas fueron naciendo de la Madre Tierra espontáneamente adoptando diferentes formas.

El mundo había vuelto a ser como antes.

Juan Bautista Martínez del Mazo, *Deucalión y Pirra después del diluvio*.

CAPÍTULO III

LOS DIOSES DEL OLIMPO

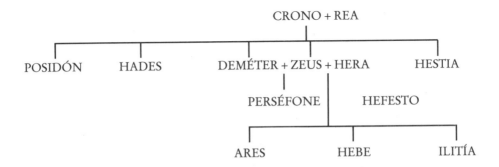

Los dioses olímpicos, también llamados «crónidas» por ser hijos de Crono, pertenecen a la segunda generación divina que derrota a su padre. Zeus, el menor de los hijos y el único que no fue devorado por Crono al nacer, le sustituyó como dios supremo.

Todos los dioses que conforman el panteón griego vivían en el Olimpo, en el cielo, a excepción de Hades, que habitaba en el Inframundo, y Posidón, que lo hacía en las profundidades del mar.

Eran los llamados «doce dioses olímpicos», pertenecientes a dos generaciones diferentes: la primera estaba formada por Zeus, Posidón, Hera y Deméter; y la segunda, por los hijos de Zeus: Ares, Atenea, Apolo, Ártemis, Afrodita, Dioniso, Hermes y Hefesto.

Como ya se explicó en el primer capítulo, Zeus y sus hermanos se repartieron el mundo tras resultar vencedores de la Titanomaquia, la cruenta lucha que duró diez años. A Zeus —el soberano, la divinidad suprema del Olimpo, quien impartirá justicia y castigará a los hombres— le correspondieron los cielos; a Posidón, los mares y a Hades, el Inframundo.

Los dioses eran inmortales aunque presentaban una forma totalmente humana. Eran los guardianes del universo, representaban la justicia y el buen gobierno, encarnaban valores y virtudes como la belleza, la fuerza o la sabiduría y personificaban las fuerzas de la naturaleza. Pero, al igual que los humanos, también tenían debilidades como la envidia o la ira; se relacionaban con ellos metamorfoseándose en cualquier ser animado o inanimado para conseguir sus objetivos, sobre todo amorosos, y los premiaban o castigaban según su deseo y antojo.

Los humanos, por su parte, los temían y honraban ofreciéndoles sacrificios de animales y construyendo templos en su honor.

A lo largo de este capítulo y los siguientes, a través de las voces de las diosas, vamos a profundizar en cada uno de ellos resaltando los aspectos más relevantes, junto con los mitos en los que de manera directa o indirecta aparecen a lo largo de toda la mitología griega.

POSIDÓN

Pintor de Cleofrades, *Posidón sujetando el tridente*.

Empiezo un canto relativo a Posidón, gran dios, que sacude la tierra y el mar estéril, deidad marina que posee el Helicón y la anchurosa Egas. Una doble honra te asignaron los dioses, oh tú que bates la tierra: ser domador de caballos y salvador de naves.

Salve Posidón, que ciñes la tierra y llevas cerúlea cabellera: oh bienaventurado, socorre a los navegantes con corazón benévolo.[1]

Posidón no solo tiene poder sobre las olas, sino que también puede desatar tempestades y precipitar las rocas de las costas con un solo golpe de su tridente. Su poder se extiende también a las aguas corrientes y a los lagos, en cambio los ríos poseen sus propias divinidades.[2]

MI NOMBRE ES ANFÍTRITE, SEÑORA DEL MAR, «la que rodea el mundo». Soy una de las cincuenta nereidas, hijas de Nereo y Dóride, y esposa de Posidón.

Un día, estaba danzando con mis queridas hermanas cerca de la isla de Naxos cuando Posidón me vio y se enamoró perdidamente. En ese momento vino hacia mí para raptarme y hacerme su esposa, pero yo fui más rápida y me oculté en las profundidades del Océano para rechazarle. Posidón me buscó por todas partes sin éxito, pero si a un dios se le mete en la cabeza que tienes que ser suya, serás suya. El dios del mar reunió a todo tipo de criaturas marinas para que me buscasen, entre las que se encontraban los delfines. Me descubrió un delfín y, aunque le supliqué que no me llevase ante Posidón, él me tranquilizó diciéndome: «Hermosa nereida, serás la reina del mar. Posidón te ama y quiere que seas su esposa».

Me dejé llevar por los halagos y por mi futura posición junto al dios de los mares y en medio de un solemne cortejo fui conducida por un grupo de delfines ante Posidón. Después de la boda y en recompensa por haberme encontrado, Posidón dispuso honores para el delfín: lo declaró sagrado y colocó su figura en el firmamento.[3]

---

1. *Himnos homéricos*, «XXII a Posidón».
2. Pierre Grimal, *Diccionario de mitología griega y romana*.
3. Eratóstenes, *Mitología del firmamento*, Catasterismo 31: El Delfín.

El triunfo de Posidón y Anfítrite con la pareja en procesión
(detalle de un gran mosaico romano), Museo del Louvre.

De mi unión con Posidón nacieron Tritón y Rodo, este último personificación de la isla de Rodas. Sin embargo, tuve que soportar numerosas infidelidades de mi esposo con diosas, mortales, ninfas…, con quienes engendró una infinidad de hijos. Igual que su hermano Zeus, pero, mientras que la descendencia de Zeus eran héroes protectores, la de Posidón casi siempre eran gigantes o monstruos violentos, como por ejemplo el cíclope Polifemo, fruto de su relación con Toosa, hija de Forcis; el gigante Crisaor y el caballo alado Pegaso, nacidos de Medusa; o el gigante cazador Orión, que nació de su unión con Euríale. Aunque cabe decir que mi esposo también es el verdadero padre del héroe Teseo.

Una de sus infidelidades fue con Deméter, diosa de la agricultura. Ella os lo contará mejor más adelante, pero tiene que ver con el rapto de su hija. Cuando Hades raptó a su sobrina Perséfone, su madre, Deméter, la buscó por cada rincón de la tierra. Cuando mi esposo la vio, quiso aprovecharse amorosamente de ella. A Deméter solo le preocupaba encontrar a su hija y no estaba dispuesta a ser molestada ni interrumpida por su hermano Posidón, que la perseguía allá donde iba, así que, para escapar de él, se transformó en una yegua y se ocultó entre los caballos del rey Onco, en Telpusa, Arcadia.

¿Adivináis qué hizo él?

En efecto, adoptó la figura de un caballo negro brillante y se unió a ella. Los caballos están consagrados a Posidón, pues fue su creador. De esta unión nació una niña cuyo nombre no se podía pronunciar y se la conocía como «el Ama», y un caballo de nombre Arión, más veloz que el viento y que más tarde pertenecería a Heracles.

Era muy frecuente que los dioses decidieran tomar posesión de las ciudades en las que cada uno recibiría honores.[4] Posidón se enfrentó con Atenea porque ambos querían fundar una ciudad en la tierra del Ática. Golpeando con su tridente en medio de la Acrópolis, mi esposo hizo brotar un pozo de agua salada; por su parte, Atenea plantó el olivo que se muestra en el Pandrosio. Los jueces fueron todos los dioses y le dieron la victoria a Atenea, que puso a la ciudad el nombre de Atenas en su honor. Posidón no se lo tomó nada bien e, indignado, intentó inundar esta tierra con el mar, pero Zeus ordenó a Hermes que se lo impidiese.[5]

Y hablando de enfrentamientos, Posidón demandó al mismísimo dios de la guerra, Ares, por matar a su hijo Halirrotio (el que tuvo con la ninfa Éurite). Previamente, el hijo de Posidón había intentado violar a Alcipe, hija de Ares, lo cual enfureció al dios, que acabó con la vida de Halirrotio. Se celebró un juicio en el que el jurado lo componían los doce dioses olímpicos, y Ares fue absuelto porque no había ningún testigo. Esta fue la primera sentencia pronunciada en un juicio por asesinato entre dioses, y a la colina donde se llevó a cabo el juicio se la llamó «Colina de Ares» o Areópago.

---

4. Apolodoro, *Biblioteca mitológica*, Libro III.
5. Higinio, *Fábulas mitológicas*, Fábula, 164.

En otra ocasión, mi querido esposo, Posidón, junto con su hermana Hera y sus sobrinos Atenea y Apolo, conspiró contra el mismísimo Zeus para derrocarlo. Lo amarraron con cadenas suspendidas del Olimpo, pero Tetis los sorprendió y llamó al hecatónquiro Briareo para que fuese a socorrer al rey de los dioses y evitar una guerra civil en el Olimpo. El gigante liberó a Zeus y, como la conspiradora había sido Hera, Zeus la colgó del firmamento con un brazalete de oro en cada muñeca y un yunque atado a cada tobillo. Los demás dioses no se atrevieron a decir nada y, tras la promesa de todos ellos de que no volverían a rebelarse contra él nunca más, Zeus la liberó.

Sin embargo, el rey de los dioses también castigó a Posidón y Apolo poniéndolos a servir como esclavos a Laomedonte, rey de Troya y padre de Príamo, quien les encargó la construcción de los muros de su ciudad por un salario que habían estipulado. Cuando Apolo y Posidón terminaron de construir las murallas de Troya, el rey Laomedonte se negó a abonarles la cantidad acordada, y esto tuvo consecuencias terribles para Troya.

Paolo Fiammingo, *Apolo y Posidón castigando Troya*.

Apolo envió una plaga, y Posidón, un monstruo marino para que devorara a sus habitantes; el rey Laomedonte consultó al oráculo, que le dijo que para apaciguar la ira de Posidón debía sacrificar a su propia hija, Hesíone, como ofrenda para el monstruo. La hija del rey fue atada a una roca para que el monstruo la devorase y así librar a su ciudad de la maldición, pero Heracles, que pasaba por allí, se ofreció a salvar a Hesíone si Laomedonte le entregaba sus veloces caballos. El rey aceptó entregarle los caballos a cambio de salvar la vida de su hija, pero una vez liberada, se negó a entregárselos. Esto iba de mal en peor. Heracles organizó una expedición guerrera y mataron al rey y a todos sus hijos excepto al joven Príamo, quien sería el nuevo rey de Troya.

ZEUS Y HERA

Canto a Hera, la de áureo trono, a quien Rea dio a luz; reina inmortal de extremada belleza; hermana e ínclita esposa de Zeus tonante; a la cual todos los bienaventurados honran reverentes, en el vasto Olimpo, como a Zeus que se huelga con el rayo.[6]

MI NOMBRE ES HERA, LA REINA DE TODOS LOS DIOSES, grandiosa —y gran diosa—, hermana y legítima esposa de Zeus, «el que amontona las nubes».[7]

No soy su primera esposa, Zeus ya había estado casado anteriormente con las diosas Metis y Temis, con las que tuvo varias hijas: las horas[8] y las moiras.[9] Nací en la isla de Samos, fui criada y educada por Océano, de profunda corriente, y Tetis en su palacio; las estaciones fueron mis nodrizas. Soy la diosa de las bodas y el matrimonio, pero la seducción y el placer son responsabilidad de Afrodita; protectora de las mujeres casadas, pues soy modelo de fidelidad conyugal, aunque no

---

6. *Himnos Homéricos*, «XII: a Hera».
7. Epíteto homérico. También se le llamaba «El oscuro nublado», «El que truena en lo alto», «El que lleva la égida» o «El que lanza rayos».
8. Llamadas Eirene (paz), Eunomía (disciplina) y Dice (justicia).
9. Son las tejedoras del destino: Cloto creaba la vida a través de un hilo de su rueca, Láquesis medía con su vara la longitud del hilo y Átropo cortaba el hilo de la vida.

pueda decir lo mismo de mi esposo; junto a mi hija Ilitía tenemos el poder para adelantar o retrasar a nuestra conveniencia el parto de las mujeres embarazadas.

Mi matrimonio sagrado[10] con Zeus vino precedido de una metamorfosis del propio dios; para conseguir su objetivo en cuanto a hombres y mujeres se refiere, Zeus tenía la capacidad de transformarse en cualquier persona, animal, fenómeno meteorológico u objeto, y conmigo no fue una excepción.

Durante una gran tormenta, el dios supremo se transformó en un cuco enlodado, y yo al verlo me apiadé de él; el pobre pajarito estaba muy asustado, así que lo coloqué entre mis senos para calentarlo, y justo en ese momento Zeus recobró su verdadera imagen e intentó yacer conmigo. Yo le gritaba a mi hermano porque no quería y le pedía que por favor me respetase, entonces Zeus me prometió que se casaría conmigo. Y así me convertí en la que lleva el cetro y la diadema real, en la reina de los dioses.

Zeus es el más grande de los dioses, provoca la lluvia, los rayos y los relámpagos, pero su misión es mantener el orden y la justicia en el mundo.

Como ya contó Gea, fue criado por los curetes y las ninfas, que lo amamantaron con la leche de la cabra Amaltea; al morir la cabra, Zeus usó su piel para hacerse una potente armadura.[11]

Fruto de nuestro matrimonio nacieron tres hijos: Ares,[12] Hebe e Ilitía.

Pero mi querido esposo tuvo multitud de descendencia con otras diosas y con mortales, y luego a mí me pintan como un modelo de celos con un carácter difícil y colérico. Es cierto que no podía soportar sus múltiples infidelidades y que mi persecución y venganza siempre iba dirigida contra las amantes, aunque ellas no tuviesen la culpa, y contra los hijos nacidos de esas uniones.

El dolor de la traición me cegaba y me llevaba a hacer cosas horribles, pero es mejor que sean ellas mismas las que os cuenten sus historias.

---

10. Hierogamia: matrimonio entre un dios y una diosa.
11. Égida, que utilizó durante el combate con los Titanes.
12. Dios de la guerra, que figura entre los grandes dioses. Sus hermanas son consideradas divinidades secundarias.

Uniones humanas de Zeus y los hijos que nacieron de ellas

- Alcmena: Heracles.
- Antíope: Anfión.
- Calisto: Arcas.
- Dánae: Perseo.
- Egina: Éaco.
- Electra: Dárdano, Yasión, Harmonía.
- Europa: Minos, Sarpedón, Radamantis.
- Ío: Épafo.
- Leda: Helena, Dioscuros.
- Maya: Hermes.
- Níobe: Argo, Pelasgo.
- Pluto: Tántalo.
- Sémele: Dioniso.
- Táigete: Lacedemón.

Uniones divinas de Zeus y los hijos que nacieron de ellas

- Metis: Atenea.
- Temis: Horas, Moiras.
- Eurínome: Gracias.
- Deméter: Perséfone.
- Mnemósine: Musas (Clío, Euterpe, Talía, Melpómene, Terpsícore, Erato, Polimnia, Urania y Calíope).
- Leto: Apolo, Ártemis.
- Hera: Ares, Hebe, Ilitía.

Mito de Ío

Mi nombre es Ío y soy una ninfa hija del dios río Ínaco. Zeus se enamoró de mí y me hizo sufrir lo indecible.

En una ocasión en la que estaba bañándome en el río de mi padre, Zeus pudo ver mi belleza digna de una diosa y, acercándose a mí, me dijo:

Busca la sombra de aquellos profundos bosques ahora que el calor aprieta y el sol se encuentra en su punto más alto, en mitad de su recorrido. Y si acaso temes encaminarte tú sola entre las guaridas de las fieras, piensa que cuando penetres en los lugares recónditos del bosque estarás a salvo, protegida por un dios; y no un dios plebeyo, sino yo, que llevo en mi poderosa mano el cetro, el cielo y arrojo los errantes rayos.[13]

No me asustaba el bosque, ni siquiera las fieras que pudiese encontrarme, le temía a él y empecé a correr tan rápido como los pies me lo permitían. Ya había atravesado los pastos de Lema[14] cuando una niebla espesa lo cubrió todo. Me detuve porque de repente parecía que la negra noche había caído sobre la región, y entonces, Zeus, que fue quien la provocó, me robó la virginidad.

Antonio Correggio, *Júpiter e Ío*.

13. Ovidio, *Metamorfosis*, Libro Primero.
14. Localidad de la Argólida, Peloponeso.

Hera también vio la espesa niebla y, sospechando que algo estaba tramando su esposo, porque no era la primera vez que hacía cosas parecidas, descendió del Olimpo. Al posarse sobre la tierra, la niebla se disipó. En el preciso momento en que la niebla empezó a desaparecer, Zeus me transformó en una hermosa ternera blanca. Imaginad la escena que se encontró la reina de las diosas: a su esposo con una novilla asustada en medio de un bosque; así que Hera le interroga sobre mí y Zeus le responde que he nacido de la tierra; la diosa, que no cree ni una sola palabra de Zeus, le pide que se la regale. El dios no podía negarse porque, si lo hacía, su esposa descubriría su engaño; por lo tanto, pasé a ser propiedad de Hera. Como no se fiaba de su marido, Hera me confió a Argos, un pastor con cien ojos, para que me vigilase en todo momento.

Los ojos de Argos descansaban por turnos, lo que le permitía estar siempre alerta. Yo me sentía muy mal, con una soga al cuello atada a un árbol por las noches, durmiendo sobre la tierra y bebiendo en arroyos fangosos. Me lamentaba y deseaba gritar, pero de mi boca solo salían mugidos que me asustaban cada vez que los escuchaba.

En uno de mis paseos con Argos llegamos al río Ínaco, donde pude ver a mi padre y a mis hermanas las náyades, y quise contarles que yo era la hermana a la que tanto tiempo habían buscado en vano, pero no pude. Me acerqué a mi padre, que me acarició con sus amorosas manos mientras yo le miraba a los ojos con la esperanza de que viese los míos en los de la novilla. Pero mi padre no me reconocía y yo no podía hablar, estaba perdida. Se me ocurrió que podría escribir con mi pezuña sobre la arena y suplicar a mi padre su ayuda. Mi padre, al leer lo que escribió mi torpe pezuña, se sintió muy desdichado y, abrazado a mí, no pudo contener ni sus lágrimas ni su ira cuando Argos tiró de la soga que me rodeaba el cuello y nos separó arrastrándome hacia otros pastos.

Zeus, que lo estaba viendo todo con un terrible sentimiento de culpabilidad, no podía soportar que yo padeciese tantos males y llamó a su hijo Hermes.[15] Este se presentó raudo y veloz ante Zeus, quien le dijo:

---

15. Hijo de Zeus y la pléyade Maya, una de las hijas de Atlas, que fueron transformadas en estrellas: la constelación de las Pléyades. Hermes llevaba un casco y unas sandalias aladas y era el mensajero de su padre.

—Quiero que acabes con la vida de Argos y liberes a Ío de su maldición.

Hermes cogió su caduceo,[16] que poseía un poder somnífero y, disfrazado de pastor, fue a rescatar a Ío, a la vez que tocaba un instrumento hecho de cañas. La melodía que producía llamó la atención de Argos, que le preguntó:

—¿Qué es ese sonido tan maravilloso que sale de esas cañas? Siéntate a mi lado, joven pastor, y cuéntame la historia de ese bello instrumento.

Con la música de esas cañas ligadas Hermes intentaba dormir los ojos despiertos de Argos, pero el gigante, haciendo verdaderos esfuerzos para no caer rendido, iba abriendo unos y cerrando otros. Entonces el dios empezó a hablarle:

—En los gélidos montes de Arcadia, entre las hamadríadas[17] de Nonacris, había una náyade famosísima a quien las ninfas llamaban Siringe. Más de una vez había tenido que eludir el acoso de los sátiros o de cualquiera de los otros dioses que habitaban el sombrío bosque; practicaba las mismas ocupaciones que la diosa de Ortigia e, igual que ella, guardaba su virginidad. Un día, Pan[18] la vio cuando regresaba del monte Liceo y…

Antes de que Hermes terminase de contarle cómo Siringe huyó de Pan pidiendo ayuda a sus hermanas del río, quienes la convirtieron en cañas en el mismo momento en que Pan se abrazaba a ella y, con un suspiro sobre las cañas, el aire se transformó en un suave sonido, inventando así el instrumento que llevaría el nombre de la ninfa, Argos ya se había dormido. Entonces Hermes sacó su espada de filo curvado y, sin pensárselo dos veces, le cortó la cabeza a Argos cerrando así sus cien ojos para siempre. Cuando Hera descubrió lo que había sucedido, arrancó los cien ojos de Argos y los colocó en la cola de su pavo real.[19]

---

16. Vara de oro con dos serpientes enroscadas que Apolo había regalado a Hermes.
17. Ninfas de los árboles.
18. Hijo de Hermes, antigua divinidad de Arcadia, dios de los pastos y de los montes con el cuerpo inferior de macho cabrío.
19. El pavo real siempre acompaña a Hera, es uno de sus atributos.

Peter Paul Rubens, *Mercurio y Argos*.

Pero la muerte de Argos no acabó con mi pesadilla. Hera, llena de rabia, envió un tábano para atormentarme, que se pegó a mis costados. Asustada y furiosa, eché a correr y atravesé el mar por los estrechos que separan la ribera de Europa de la de Asia, dando origen al nombre del Bósforo: «Paso de la vaca».

Yo estaba embarazada de aquel encuentro en los bosques con Zeus, y llegué hasta la tierra del Nilo exhausta; caí de rodillas en su orilla y, levantando el cuello hacia el cielo, rogué al rey de los dioses que terminase con mi agonía. Zeus le juró a Hera por la laguna Estigia[20] que nunca más volvería a ver a Ío y le suplicó que le permitiese devolverla a su aspecto anterior.

Noté que los cuernos que salían de mi cabeza iban disminuyendo hasta desaparecer por completo; el pelo áspero y espeso se iba transformando en suave piel; mis ojos se hacían más pequeños al tiempo que el hocico se retraía; mis manos, antes pezuñas, ahora tenían dedos, y las patas traseras dieron paso a mis piernas. Volvía a ser la de antes, ¡qué

---

20. Laguna del principal río de los Infiernos que garantizaba la inviolabilidad de los juramentos. Los dioses hacían sobre ella los juramentos divinos que no se podían romper.

felicidad! Solo me faltaba hablar. Con el miedo que siente una liebre que corre delante de su depredador, intenté hablar con la esperanza de que no saliese un lamentoso mugido y mi felicidad fue plena al escuchar mi propia voz.

Ahora soy una diosa adorada en Egipto[21] y a mí y a mi hijo Épafo[22] nos veneran en todos los templos de la tierra del Nilo.

Mitos de Sémele y Dioniso

Soy Sémele, amante de Zeus y madre del divino Dioniso. Mis padres eran Cadmo y Harmonía.[23] Zeus me amaba tanto que juró que siempre me concedería todo lo que desease. ¡Qué imprudente fue él y qué inocente fui yo!

Cuando Hera se enteró de nuestros furtivos encuentros quiso destruirme; ella no iba a discutir con su marido, pues sabía que no tenía nada que hacer, así que urdió un plan para acabar conmigo y de paso con nuestro hijo.

—¡Que deje de llamarme Saturnia si no hago que se sumerja en las aguas estigias, hundida por su querido Zeus![24] —dijo la terrible Hera.

La esposa de Zeus se transformó en una anciana, pero no en una cualquiera: se presentó en mi casa con la apariencia de Béroe, mi querida nodriza.

Me alegré de verla, estuvimos hablando de muchas cosas y le conté que estaba embarazada del mismísimo Zeus y que nos amábamos; ella suspiró al mismo tiempo que decía:

—Querida Sémele, ¿cómo sabes que es Zeus y no algún mortal que se hace pasar por un dios para meterse en tu lecho? Pídele una prueba, que se funda contigo en un abrazo y se presente en toda su divinidad como lo hace con su esposa Hera.

Nunca había pensado en eso, estaba segura de que era Zeus, pero ya no podía quitarme esa idea de la cabeza.

---

21. Isis.
22. Identificado en Egipto como Osiris.
23. Hija de Ares y Afrodita.
24. Ovidio, *Metamorfosis*, Libro Tercero.

Uno de tantos días que vino Zeus a verme le pedí que me concediese un deseo, y el pobre, sin imaginar lo que le iba a pedir y queriendo agradarme en todo momento por el cariño que sentía hacia mí, dijo:

—Elige lo que quieras: no te negaré nada, y pongo por testigo al divino poder de las aguas estigias, que infunden sagrado temor incluso a los dioses.[25]

Yo le respondí:

—Quiero que me abraces de la misma manera que abrazas a Hera, en toda tu gloria de dios.

El rostro de Zeus se volvió serio y triste a la vez, no podía creer lo que acababa de escuchar y, como me lo había jurado, tenía que cumplir su promesa.

Se acercó a mí y me acarició el rostro mientras negaba con la cabeza, al tiempo que se elevaba a lo más alto del cielo recogiendo las nubes, los truenos y los relámpagos para amontonarlos. Cogió un rayo más débil que el que normalmente utiliza y con él entró en la casa de Agénor, mi casa.

Yo le esperaba ansiosa en el lecho, iba a tener ante mí la figura de un dios tal y como se muestran entre ellos, pero mi cuerpo mortal no pudo soportar esa potencia de luz que me abrasaba.

Antes de quedar completamente calcinada, Zeus extrajo de mi vientre, que estaba en el sexto mes de gestación, a nuestro hijo y se lo cosió a su propio muslo para terminar de gestarlo. Cuando llegó el momento de que naciera, Hermes se lo entregó a mi hermana Ino, casada con Atamante, rey de Orcómeno, y ella lo crio a escondidas junto con otras ninfas para que Hera no lo descubriese. Hermes les advirtió que vistiesen a Dioniso con ropa de niña para burlar a Hera, ya que lo estaba buscando para aniquilarlo.

Pero Hera no se dejaba engañar tan fácilmente y como Ino, mi hermana, no dejaba de hablar por todas partes del nuevo niño dios, Dioniso se hizo famoso en toda Tebas.

Hera estaba furiosa y tenía que vengarse, así que descendió a la sede infernal por los parajes oscuros hasta llegar a la laguna Estigia y se dirigió hacia el palacio de Hades. Una vez que llegó a la puerta se encon-

---

25. Ovidio, *Metamorfosis*, Libro Tercero.

Luca Ferrari, *Júpiter y Sémele.*

tró con Cerbero[26] y llamó a las erinias[27] para que indujeran a mi cuñado Atamante a cometer un crimen. Las erinias se presentaron en casa de Ino y Atamante con su terrible aspecto, llenas de serpientes y con antorchas impregnadas en sangre, y les lanzaron una serpiente al pecho que contenía un filtro venenoso que se anclaba en sus corazones e infundía delirios; mi hermana Ino cogió a su hijo y salió corriendo de la casa; Atamante vio una leona con sus dos cachorros, fruto del veneno. Ino llegó a un acantilado sobre el mar y sin pensarlo dos veces se lanzó al agua con el niño en brazos.

Las olas del mar cubrieron sus cuerpos, pero mi abuela Afrodita suplicó a Posidón por sus vidas. Este accedió a sus ruegos y los despojó de su mortalidad: mi sobrino pasó a ser el dios Palemón, y mi hermana se convirtió en la ninfa marina Leucótea.

26. Perro de tres cabezas guardián de los Infiernos.
27. Tres divinidades violentas (Alecto, Tisífone y Megera) que persiguen a los parricidas torturándolos hasta enloquecer.

Mis padres, Cadmo y Harmonía, no sabían que su hija y su nieto ahora eran dioses del mar y, vencidos por el dolor, el fundador de Tebas abandonó la ciudad y terminaron convirtiéndose en serpientes.

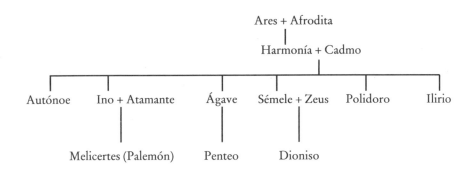

Tras la venganza de Hera, Zeus se apresuró en transformar a Dioniso en un cabrito y pidió a Hermes que lo llevara a las tierras lejanas de Nisa, para que lo criasen las ninfas. Ellas cuidaron del niño en una cueva y lo alimentaron con miel. En recompensa, Zeus colocó a estas ninfas entre las estrellas con el nombre de las Híades.[28]

El niño se llamó Dioniso,[29] «dos veces nacido»; dios de la viña, del vino y del delirio místico, que enseñó a los hombres el cultivo de la vid. Recorrió casi toda la tierra habitada para su cultivo, por eso obtuvo en todas partes los más altos honores.[30]

> Empiezo cantando al bullicioso Dioniso, coronado de hiedra, hijo preclaro de Zeus y de la gloriosa Sémele, a quien criaron las ninfas de hermosas trenzas, después de recibirlo en su seno de manos del soberano padre, en los valles de Nisa; y por la voluntad de su padre creció en una perfumada cueva, figurando en el número de los inmortales. Criado por las diosas, el que tenía que ser objeto de tantos himnos solía frecuen-

---

28. Higinio, *Fábulas mitológicas*, Fábula 182, «Las hijas de Océano».
29. Identificado como Baco en Roma.
30. Diodoro de Sicilia, *Biblioteca mitológica*, Libro IV.

tar los selvosos vericuetos, coronado de hiedra y de laurel; las ninfas le seguían y él las guiaba y el estrépito llenaba la inmensa selva.[31]

Cuando Dioniso creció, el paso del tiempo no impidió que Hera lo reconociese y lo hiciese enloquecer, como había hecho antes con mi hermana y su marido. En ese estado de locura, mi hijo anduvo errante por Egipto y Siria, acompañado por su séquito compuesto por silenos, sátiros, ninfas, ménades y coribantes; llevaban tirsos,[32] coronas de pámpanos y pieles de leopardo, bebían vino y danzaban mientras se dedicaban a enseñar el cultivo de la vid a todas las civilizaciones que aceptaban su culto.

Llegó hasta Frigia, donde la diosa Cibeles lo purificó y lo inició en los ritos de su culto, curándole así de su locura.

Algunos de los mitos más conocidos de Dioniso son aquellos en los que sufre la persecución de los mortales que se niegan a reconocer que es un dios y no veneran sus ritos en su territorio.

En Tebas reinaba Penteo, sucesor y nieto de Cadmo y primo de Dioniso. Este quería introducir en Tebas los ritos báquicos en su honor, revelándole a las mujeres la introducción al culto de Dioniso, las bacanales, pero Penteo se opuso y lo encarceló. Poco o nada tardó Dioniso en librarse de las cadenas y convencer a Penteo de que acudiese al monte Citerón a presenciar los ritos de las ménades y así conocer de primera mano en qué consistían. Las ménades, mujeres poseídas que personifican los espíritus orgiásticos de la naturaleza, estaban en trance y confundieron a Penteo con un león, al que descuartizaron. Entre las ménades se encontraba su propia madre, mi hermana Ágave, quien le cortó la cabeza y la clavó en un tirso.

En Tracia, el rey Licurgo persiguió a las nodrizas de Dioniso en el monte sagrado de Nisa y después las golpeó con una aguijada,[33] por lo que el dios hizo enloquecer a Licurgo como castigo. En un arrebato de locura, el rey de Tracia mata a su hijo y a su mujer mientras cree que está podando una vid. Dioniso termina con su vida arrojándole a sus panteras.

31. *Himnos homéricos*, «XXVI: a Dioniso».
32. Vara recubierta de hiedra rematada por una piña.
33. Vara larga para picar a los bueyes y quitar la tierra que se pega al arado.

Penteo descuartizado por las bacantes, Casa de los Vetti, Pompeya.

En otra ocasión, las miníades, hijas del rey Minias, de Orcómeno, en Beocia, fueron castigadas por Dioniso por oponerse a su culto. Las tres hermanas (llamadas Leucipe, Alcítoe y Arsipe) no están de acuerdo con la vida que llevan las bacantes y prefieren quedarse en su casa con sus telares. Dioniso se presenta ante ellas transformado en mujer y las invita a salir por las montañas en éxtasis báquico, pero ellas rechazan la invitación. Entonces el dios se transforma sucesivamente en un toro, un león y un leopardo y cubre sus telares de hiedra y serpientes. Las hermanas, asustadas, comprendieron que se trataba de un dios y echaron a suertes cuál de las tres ofrecería un sacrificio al dios. Pero este utiliza de nuevo su poder para hacerlas enloquecer y ellas descuartizan al hijo de Leucipe, a quien le correspondía ofrecer un sacrificio según el sorteo. Después intentaron unirse a las bacantes, pero no las admitieron ya que tenían las manos manchadas de un crimen horrible, así que las transformaron en un cuervo, un murciélago y un búho.

Otro destacado mito sobre mi hijo Dioniso fue cuando pidió a unos marineros que le llevaran a la isla de Naxos. Estos accedieron, pero no eran simples marineros, sino piratas que, al ver la belleza del dios y su capa púrpura, supusieron que era hijo de algún rey. Los piratas planearon venderlo como esclavo en Asia para obtener un buen botín por él, y no escucharon al capitán cuando este les advirtió de que no se trataba de un vulgar mortal:

> Recordaré de Dioniso, hijo de la gloriosa Sémele, cómo apareció en la orilla del mar estéril, sobre un promontorio saliente, parecido a un mancebo que acaba de llegar a la juventud: hermosos cabellos negros colgaban de su cabeza y llevaba en sus robustas espaldas una capa purpúrea. Pronto se le acercaron por el vinoso mar en nave de bellas tablas unos piratas tirrenos —¡su mala suerte los conducía!—, quienes, al verle, se hicieron señas, saltaron rápidamente a tierra, lo cogieron enseguida y lo llevaron a la nave, alegrándose en su corazón. Se figuraban que sería hijo de reyes, alumnos de Zeus, y quisieron atarlo con fuertes ligaduras. Pero las ligaduras no le sujetaron, sino que los mimbres cayeron lejos de sus manos y de sus pies, y él se sentó sonriéndose en sus negros ojos. Lo advirtió el piloto y enseguida exhortó a sus compañeros, a quienes dijo:
>
> —¡Desdichados! ¿Qué dios poderoso es ese a quien habéis cogido y atado? Ni llevarle puede la nave bien construida. Ese es sin duda Zeus, o Apolo, el del arco de plata, o Posidón, pues no se parece a los mortales hombres, sino a los dioses que poseen olímpicas moradas. Mas, ea, dejémosle cuanto antes en la negra tierra y no pongáis en él vuestras manos, no sea que, irritado, suscite fuertes ventoleras y un recio huracán. Observa tú el viento y tira de la vela, luego que hayas recogido los aparejos todos; que de ese se cuidarán los demás hombres. Espero que llegará a Egipto, a Chipre, a los Hiperbóreos o aún más lejos, y que al fin nos dará a conocer sus amigos, sus bienes todos y sus hermanos, pues un dios lo pone en nuestras manos.
>
> Habiendo hablado así, izó el mástil y desplegó la vela de la nave. El viento hinchó el centro de la vela, y a sus lados colocaron los aparejos; pero pronto se les presentaron cosas admirables. Primeramente, un vino dulce y perfumado manaba en sonoros chorros dentro de la nave, des-

pidiendo un olor divino: quedáronse atónitos los marineros cuando lo notaron. Luego, una parra se extendió al borde de la vela y de ella colgaban muchos racimos; se enroscó alrededor del mástil una oscura hiedra lozana y florida, de la cual salían lindos frutos; y aparecieron con coronas todos los escálamos. Al advertirlo, mandaron al piloto que acercara la nave a tierra. Pero Dioniso, dentro de la nave y en su parte más alta, se transformó en espantoso león que dio un gran rugido y, en medio de ella, creó una osa de erizado cuello que se levantó furiosa, mientras el león desde las tablas más altas miraba torva y terriblemente. Entonces huyeron a la popa, junto al piloto de prudente espíritu, y allí se detuvieron estupefactos. Mas el león se lanzó de repente y cogió al capitán; y los demás, así que lo vieron, con el fin de librarse del funesto hado, saltaron todos juntos afuera, al mar divino, convirtiéndose en delfines. Dioniso, compadecido del piloto, le hizo completamente feliz.[34]

Después de este suceso, Dioniso y todo su séquito llegaron a Naxos, donde se quedó prendado por completo de una joven que había sido abandonada allí por el héroe Teseo: Ariadna. Tras rescatarla se casó con ella en presencia de todos los dioses y como regalo de boda le entregó una corona labrada en oro fundido y con pedrería preciosa que había tallado Hefesto. Cuando Ariadna murió, Dioniso la hizo inmortal lanzando la corona al cielo y catasterizándola en la Corona boreal, colocando así a su amada entre las estrellas.[35]

Os tengo que contar, además, que mi querido hijo hizo una catábasis, es decir, descendió a los Infiernos para sacarme de allí y devolverme a la vida. Hades accedió a entregarme a mi hijo a cambio de algo que Dioniso estimase mucho, y él le entregó una de sus plantas favoritas, el mirto. Salí con mi hijo del mundo subterráneo y fui llevada al Olimpo convertida en la diosa Tione. Esto a Hera no le hizo demasiada gracia, pero se resignó.

---

34. *Himnos homéricos*, «VII: a Dioniso».
35. Eratóstenes, *Mitología del firmamento*, Catasterismo 5: La Corona.

Mito de Calisto

Mi nombre es Calisto. Me consagré a la virginidad, mi pasión era cazar con mis compañeras en los montes junto a la diosa Ártemis. Renegaba de los hombres y era feliz haciendo lo que más me gustaba: llevar mi carcaj y dedicarme a la caza.

Un día en el que el sol ya había recorrido más de la mitad de su camino, entré en un bosque frondoso a descansar sobre la fresca hierba, utilizando mi carcaj como almohada. Zeus se fijó en mí y se inflamó de deseo al verme. Entonces el rey de los dioses urdió un plan para unirse a mí; se transformó en la propia diosa Ártemis y se acercó a mí con estas palabras: «Oh, virgen, la mejor entre mis compañeras, ¿en qué montes has estado cazando?».[36]

Cuando me disponía a contarle a la gran diosa de la caza por dónde había estado, ella me abrazó y me besó. Yo no salía de mi asombro, pues esa conducta no era normal ni apropiada, y cuando me quise dar cuenta vi que quien me tenía abrazada era Zeus, que había vuelto a su imagen real. Me resistí todo lo que pude, pero fue en vano. Mientras yo maldecía mi suerte, Zeus regresó al cielo victorioso. En ese momento pasaban por allí Ártemis y algunas de mis compañeras ninfas, triunfantes con las piezas que habían cazado. En silencio y avergonzada, me uní al séquito.

Pasado un tiempo, tras una cacería y fatigadas por el ardiente fuego del sol, Ártemis buscó un lugar fresco en el bosque donde hubiese un torrente de agua cristalina para refrescarnos. Tras encontrarlo, nos invitó a todas a desnudarnos y meternos en el agua. Yo no quería. No podía desnudarme, temía que notasen cómo mi vientre había crecido más de la cuenta y se enterasen de lo ocurrido. Pese a mi negativa a bañarme, las ninfas comenzaron a desnudarme y allí, delante de la diosa, descubrieron mi cuerpo. Y mi culpa.

Ártemis fijó su mirada en mi vientre, que yo a duras penas ocultaba con mis manos, y llena de ira me gritó: «No contamines la pureza de las aguas, aléjate de aquí para siempre. Ya no eres virgen y no puedes pertenecer a mi séquito».

---

36. Ovidio, *Metamorfosis*, Libro Segundo.

Peter Paul Rubens, *Diana y Calisto*.

Me quedé sola; mi mundo se vino abajo cuando Hera se enteró de que el hijo que esperaba era de su esposo. Di a luz a un precioso niño al que llamé Arcas y por un momento volví a ser feliz, hasta que Hera se presentó ante mí y, cogiéndome del cabello, me hizo postrarme en el suelo al tiempo que me maldecía. Yo le suplicaba, le decía que yo no había tenido la culpa, que él me forzó, pero Hera no me escuchaba. Le tendí los brazos implorando su perdón... y entonces vi que mis manos se empezaban a curvar y mis uñas se transformaban en afiladas garras, de mis brazos nacía un fuerte y duro vello negro, mi cuerpo se ensanchaba y mi bello rostro se cubría de pelo y colmillos. Quise hablar, pero no me salía la voz; estaba muy asustada, solo emitía sonidos que me aterraban. Me había convertido en una osa, pero conservando mi antigua mente, y esto me causaba mucho más dolor. Hermes me arrebató al niño y se lo entregó a su madre, Maya, para que lo criase. Por cosas del destino, mi hijo se hizo cazador.

Arcas tendría ya unos quince años cuando, un día, mientras seguía el rastro de los animales salvajes, nos encontramos cara a cara. Lo reconocí, quise hablarle y abrazarle, pero él retrocedió asustado. Yo veía a mi hijo; él, a una osa que quería atacarlo. Sacó una flecha de su carcaj. Yo me quedé inmóvil, mirándolo. Cuando se disponía a atravesarme el pecho, Zeus nos elevó a los dos al cielo y nos transformó en dos constelaciones vecinas.

Yo soy la Osa Mayor y mi hijo la estrella Arturo (el guardián de la Osa) en la constelación de Bootes. Hera quiso castigarme como mortal, pero ahora estaba en el cielo como una diosa y acompañada por mi hijo para toda la eternidad.

Mito de Europa

Me llamo Europa y soy una princesa hija de los reyes de Fenicia, Ágenor y Telefasa.

Un buen día, Zeus pidió a Hermes que se dirigiese a Sidón, en Fenicia, y condujese hasta la playa una manada de vacas de mi padre, que estaban paciendo en los prados del monte. Todo formaba parte de un plan para seducirme; yo me encontraba jugando en la arena con un grupo de muchachas cuando vimos llegar a la manada de vacas y, entre ellas, se encontraba un hermoso ejemplar de toro blanco como la nieve con semblante pacífico que se dirigía hacia mí. Al principio tuve miedo pues, aunque parecía inofensivo, no dejaba de ser un toro. Se fue acercando cada vez más hacia mí con la cabeza gacha y mostrando sumisión, y yo le coloqué una corona de flores en el hocico. Poco a poco fui perdiendo el miedo. El toro se tumbaba para que le acariciase, me besaba las manos y hasta me pareció que me invitaba a sentarme sobre su lomo. Me subí y, mientras le iba colocando flores también en los cuernos, el toro se fue alejando cada vez más de la tierra hasta que mojó sus patas en la orilla del mar. Sin darme cuenta estábamos dentro del agua y el toro empezó a correr veloz por el mar abierto. Tuve que sujetarme a sus cuernos para no caerme y, cuando volvía la cabeza hacia la orilla veía que cada vez estábamos más lejos. Aterrada, comencé a gritar pidiendo auxilio, pero nadie me oyó. Llegamos a la isla de Creta y Zeus, despojándose de su apariencia de toro, se reveló tal y como era; inflamado de deseo hacia mí, yacimos junto a una fuente bajo unos plátanos que nos dieron sombra, y que, en memoria de estos amores, obtuvieron el privilegio de no perder jamás sus hojas.[37]

Tiziano, *Rapto de Europa*.

Fruto de estas uniones tuvimos tres hijos: Minos, Radamantis y Sarpedón.

Zeus me casó con Asterión, el rey de Creta, y como este no tenía descendencia, adoptó a los hijos de Zeus y les dejó la sucesión del reino.

Y, además, me hizo tres regalos: el autómata de bronce que guardaba las costas de Creta contra cualquier enemigo que desembarcase en la isla; un perro que no podía dejar escapar a ninguna presa y una jabalina de caza que no fallaba el blanco.

37. Pierre Grimal, *Diccionario de mitología griega y romana*.

Cuando mi padre, Ágenor,[38] tuvo noticias del rapto, mandó a mis hermanos, Cadmo, Fénix y Cílix, en mi búsqueda con la orden de no volver hasta que me hubiesen encontrado. Pero mis hermanos no descubrieron dónde estaba y fueron fundando ciudades donde se iban estableciendo, porque mi padre había ordenado que no volvieran si no daban con mi paradero.

A mi muerte, me tributaron honores divinos y Zeus me catasterizó en la constelación de Tauro, en recuerdo de su propia metamorfosis en toro.

Mito de Leda

Soy Leda, hija de Testio, rey de Etolia, y de Eurítemis. Estoy casada con Tindáreo. Yo también tuve un encuentro inesperado con Zeus.

Estaba descansando en la orilla junto al río Eurotas a la sombra de un frondoso árbol cuando vi a un cisne que huía atemorizado de las garras de un águila. El cisne vino hacia mí y, buscando refugio, se posó en mi regazo. Ingenua de mí, lo protegí del águila, pero resultó que no era un cisne sino Zeus, que lo había planeado todo para consumar nuestra unión.

Ese mismo día yací también con mi esposo Tindáreo y quedé embarazada de ambos. Hera intentó por todos los medios que el embarazo no llegase a término. Pasado el tiempo puse dos huevos, de los que nacieron dos pares de gemelos, cada uno de un padre: Helena y Pólux, hijos de Zeus, y Clitemnestra y Cástor, hijos de Tindáreo.[39]

---

38. Descendiente de Épafo, uno de los hijos de Ío y Zeus. Épafo tuvo una hija llamada Libia, que da nombre a la región de África, que se unió con Posidón y engendraron dos gemelos: Ágenor y Belo.

39. Higinio, *Fábulas mitológicas*, Fábula 77, «Leda».

Leonardo da Vinci, *Leda y el cisne*.

Mito de Leto: Apolo y Ártemis

Me llamo Leto y soy madre de los dioses gemelos Apolo y Ártemis, hijos de Zeus. Soy hija del titán Ceo y la titánide Febe.

Tuve enormes dificultades para encontrar un lugar donde dar a luz a mis hijos cuando empecé a sentir los terribles dolores del parto, ya que en todas las tierras me rechazaban. Pasé por Creta, Atenas, la isla Egina, Eubea, Iresias, la marítima Pepareto, las cumbres más altas del Pelión y la tracia Samos. Tampoco quisieron darme cobijo las montañas del Ida ni Lemnos, Cárpato, Naxos o Paros. Todas me rechazaron con terror y ninguna se atrevía a recibir a mis vástagos. Hera había enviado a su hijo Ares a advertir a todos los lugares del mundo griego que no me diesen amparo para dar a luz a mis hijos, por ser la amante de su marido. Nadie me daría asilo en ningún lugar donde brillasen los rayos del sol.

Andaba errante cuando la isla Ortigia se apiadó de mí; era una isla a la deriva y estéril, que no temía la cólera de Hera y consintió en acogerme. Estuve nueve días y nueve noches atormentada por unos dolores atroces. Las diosas más ilustres —Dione, Rea, Temis, Icnea, Anfítrite y otras inmortales— acudieron a la isla. Hera, sin embargo, permaneció en el palacio de Zeus sin avisar a Ilitía, hija suya y diosa de los partos, a quien retenía entreteniéndola con doradas nubes debido a los celos que sentía porque yo iba a alumbrar a los hijos de su esposo Zeus.

Hasta que Ilitía no viniese yo no podría dar a luz. Ya no me quedaban fuerzas, creí desfallecer de dolor. Las diosas que estaban conmigo enviaron a la veloz Iris, la mensajera, para que, a escondidas de Hera, trajese a Ilitía, a la que prometieron un gran collar hecho con hilos de oro y ella aceptó. Posidón, levantando las olas del mar, fabricó una especie de bóveda líquida por encima de la isla para que estuviera al abrigo del sol y no incumpliera la voluntad de Hera de que no diese a luz en ningún sitio donde brillasen los rayos del sol.

Cuando Ilitía, que preside los dolores del parto, llegó a la isla, comenzó mi alumbramiento. Sujetándome a una palmera y de rodillas, di a luz a dos divinos gemelos: Apolo y Ártemis. La isla recibió desde entonces el nombre de Delos, «la brillante», y quedó para siempre fijada en el fondo del mar por cuatro columnas.

La diosa Temis, con sus manos inmortales, le dio al dios Apolo néctar y ambrosía y este, dirigiéndose a todas las diosas, proclamó: «Tenga yo la cítara amiga y el curvado arco y con mis oráculos revelaré a los hombres la verdadera voluntad de Zeus».[40]

Por aquella época había un oráculo en el monte Parnaso que vaticinó que la serpiente Pitón moriría tras mi parto a manos de mi hijo; la serpiente anduvo buscándome por toda la tierra cuando estaba encinta para terminar con mi vida, pero no me encontró. Cuatro días después del nacimiento de mi hijo, Apolo viajó al monte Parnaso para vengarme y dio muerte a la serpiente Pitón con sus flechas, echó sus huesos en una cuba, los depositó en el templo e instituyó unos juegos fúnebres en su honor, los Juegos Píticos.[41]

---

40. *Himnos homéricos*, «III: a Apolo».
41. Higinio, *Fábulas mitológicas*, «140: Pitón».

Con mis hijos me dirigí al suroeste de Asia Menor, llegué a un manantial llamado Melita para calmar mi sed y bañar a mis hijos. Me arrodillé para beber de las frescas y limpias aguas, pero unos campesinos que querían que sus bueyes bebiesen allí me lo impidieron y además me insultaron y me amenazaron si no me alejaba del manantial. Yo insistía en que el agua era de todos y en que se apiadasen de mis hijos, pero ellos, lejos de sentir lástima por mí, removieron el fango del suelo volviendo las aguas cristalinas en aguas turbias. Una manada de lobos se acercó para ofrecerme su ayuda y me guiaron hasta el río Janto, donde pude beber y bañar a mis hijos; consagré el río a Apolo y en honor de la manada de lobos aquella tierra pasó a llamarse Licia, «tierra de lobos». Una vez que había saciado mi sed, regresé al manantial para castigar a los campesinos. Volviendo las palmas hacia el cielo, exclamé: «¡Que viváis para siempre en este estanque!».[42] Mis deseos se cumplieron y aquellos campesinos se transformaron en ranas.

Mis divinos hijos me adoran y siempre están dispuestos a juntar sus fuerzas para vengarme de cualquier ofensa, como en la ocasión en que Níobe, esposa de Anfión,[43] hija de Tántalo[44] y nieta de Zeus, feliz y orgullosa de su numerosa descendencia, declaró que ella era superior a mí porque yo solo había tenido dos hijos, lo que en comparación con ella se quedaba en nada, y que yo no era digna de que ninguna mujer adornase sus cabellos con coronas de laurel por el nacimiento de mis hijos. Esto me enfureció y pedí a Apolo y Ártemis que me vengasen de la perversa Níobe, pues yo no estaba por debajo de ninguna diosa, excepto de Hera, y sus hijos no eran mejores que los míos por muchos que tuviese. Apolo y Ártemis, carcaj en mano, fueron quitando la vida a cada uno de los hijos de Níobe: Apolo se encargó de los hombres y Ártemis de las mujeres. Se fue corriendo la voz del horror que estaba sucediendo y llegó a oídos de Anfión, el padre, quien cogió un puñal y se lo clavó en el pecho para poner fin al insoportable dolor que estaba sintiendo.

---

42. Ovidio, *Metamorfosis*, Libro Sexto.
43. Hijo de Zeus y de Antíope (hija del dios río Asopo).
44. Hijo de Zeus, rey de Frigia, amado y respetado por todos los dioses, le invitaban a sentarse a su mesa, pero él, además de robarles néctar y ambrosía, reveló los secretos de los dioses a los mortales y fue castigado.

Al contemplar todo aquello, Níobe se quedó paralizada, su rostro perdió el color, sus ojos se quedaron inmóviles, no reaccionaba a ningún estímulo, ni siquiera se movían sus cabellos con el viento; sin embargo, no dejaba de llorar y se acabó transformando en una roca de la que brota un manantial, que no son sino sus lágrimas.

Hera, presa de los celos, inspiró al gigante Ticio deseos de violarme, pero este tuvo el mismo final que los hijos de Níobe: fue abatido por las flechas de mis hijos y castigado en el Infierno, donde una o dos águilas le devoran eternamente el hígado, que se regenera con las fases de la luna.

APOLO

> Me acordaré y nunca me he de olvidar de Apolo, el que hiere de lejos, a quien temen los mismos dioses cuando anda por la morada de Zeus; pues tan pronto como se acerca y tiende el glorioso arco, todos se apresuran a levantarse de sus sitiales. Leto es la única que permanece junto a Zeus, que se huelga con el rayo: ella desarma el arco y cierra la aljaba; con sus mismas manos quita de las robustas espaldas el arco y lo cuelga de áureo clavo en la columna de su padre; y enseguida lleva a su hijo a un trono para que en él tome asiento. El padre, acogiendo a su hijo amado, le da néctar en áurea copa; se sientan enseguida los demás númenes, y alégrase la veneranda Leto por haber dado a luz un hijo que lleva arco y es vigoroso.[45]

Cuando nació el dios Apolo, Zeus envió regalos a su hijo: una mitra de oro, una lira y un carro tirado por cisnes. También le ordenó que se dirigiese a Delfos, pero los cisnes le guiaron al país de los hiperbóreos, un pueblo poco accesible para los humanos ordinarios, que habitaba en los confines de la tierra bajo un cielo siempre puro y donde llevaban una vida llena de cantos, danzas y fiestas; y allí, junto a los hiperbóreos, Apolo permaneció un año.

---

45. *Himnos homéricos*, «III: a Apolo».

Apolo es el dios de las artes, patrón de la poesía, la música, la medicina y la profecía; corifeo de las musas, arquero que dispara de lejos e inflige plagas y muerte con sus flechas.

Dios de purificaciones y crípticos vaticinios, situó su oráculo en Delfos y colocó allí el trípode, que era el asiento de la profecía. La pitia, su sacerdotisa, era poseída por el dios y daba respuestas en un estado de trance. La pitonisa se inspiraba en el vapor o espíritu que emitía una grieta en el suelo.

«La pitia en el laurel se instala, profetiza gracias al laurel y sobre el laurel se apaga».[46]

El laurel es uno de los atributos de Apolo junto con la cítara, el carcaj con flechas y el trípode. Recibe también el nombre de Febo, «brillante», y además se le identifica con el dios del sol, Helios.

Entre los sucesos más destacados de su mito, podríamos citar los siguientes: mató a Ticio y a Pitón para defender a su madre; se unió a su hermana Ártemis para asesinar sin compasión a los hijos de Níobe; ayudó a Paris a matar a Aquiles; construyó la muralla de Troya con Posidón y envió una plaga cuando Laomedonte no le pagó lo acordado; y despellejó sin piedad al sileno Marsias tras competir con él por ver quién era más virtuoso con un instrumento musical (Marsias tocaba un aulós, inventado por Atenea, y Apolo tocaba la lira. Las musas nombraron vencedor a Apolo y este, como «premio», podía hacer con el derrotado lo que quisiera. Apolo colgó a Marsias de un árbol y le quitó la piel).

También tuvo aventuras amorosas, tanto con hombres como con mujeres, y no siempre con finales felices; pero estas historias os las van a contar mejor sus protagonistas.

Mito de Dafne

Mi nombre es Dafne y fui el primer amor de Apolo, pero esto no fue casualidad, sino fruto de la ira de Eros, el dios del amor.

---

46. Calímaco.

Soy una ninfa hija del rey Peneo, o más bien lo era, y mi hermosura no tenía igual, pero yo quería ser como mi admirada Ártemis y vivir en los bosques en libertad y cazando como ella, no me interesaba el amor ni ningún hombre ni mucho menos el matrimonio.

Mi pobre padre me decía: «Hija, me debes un yerno y unos nietos», y yo le suplicaba que me dejase gozar de una perpetua virginidad como le concedió Zeus a Ártemis. Mi padre no respondía, me miraba pensando: «Yo te complacería, hija mía, pero tu belleza se opone a tu deseo».[47]

Parece ser que venía Apolo de matar a la serpiente Pitón cuando vio a Eros doblando su pequeño arco para tensar la cuerda y, despreciándole, le dijo que se dedicase a encender amores con una antorcha, pero que no jugase con sus poderosas armas. El pequeño Eros, mirándole a los ojos, pronunció unas palabras que serían mi perdición y la de Apolo: «Puede que tu arco atraviese todas las cosas, oh Febo, pero el mío te atravesará a ti; y en la misma medida en que los animales son inferiores a los dioses, tu gloria será inferior a la mía».

Dicho esto, Eros subió hasta la cumbre del Parnaso y extrajo de su carcaj dos flechas de efecto contrario: una con la punta de oro que hacía nacer el amor y la otra de plomo, que lo repudiaba. A Apolo le lanzó la de la punta reluciente y afilada. En ese momento yo caminaba por el bosque ajena a toda esta conversación cuando, de repente, sentí un dolor en el pecho que me dejó paralizada. La flecha despuntada de plomo me había atravesado hasta la médula. Vi a Apolo acercarse a mí con la mirada encendida por el deseo, consumiéndose en las brasas por un amor vano, y comencé a correr todo lo que pude para escapar de él.

«¡Detente, ninfa, te lo ruego!», me gritaba mientras me perseguía, diciéndome que era el hijo de Zeus, el sanador, que estaba enamorado de mí y que ni sus hierbas podían curarle.

Yo lo escuchaba cada vez más cerca, pero estaba demasiado cansada y empecé a notar sus dedos en mi espalda intentando agarrarme. Mis piernas ya no seguían las órdenes de mi cabeza, y cuando Apolo ya casi iba a rodearme con sus brazos, con la poca fuerza que me quedaba, grité y supliqué: «Ayúdame, ¡padre! ¡Si los ríos tenéis algún poder, haz que, transformándose, desaparezca esta figura por la que he sido dema-

---

47. Ovidio, *Metamorfosis*, Libro Primero, «Dafne».

siado amada!». Apenas había terminado de pronunciar esas palabras cuando noté que mis miembros se volvían cada vez más pesados, de mis manos brotaban ramas, mis pies, antes veloces, se clavaban en el suelo y echaban raíces a la vez que mi bello torso se transformaba en corteza. Me había convertido en un laurel.[48]

Apolo lloró abrazado a mí porque me amaba y entre sollozos articuló estas palabras: «Si ya no puedes ser mi esposa, serás mi árbol. Siempre te llevarán, oh laurel, mi cabello, mi cítara y mi carcaj».

Mis perennes hojas se convirtieron en símbolo de gloria para coronar a los generales victoriosos, atletas y poetas.

Gian Lorenzo Bernini, *Apolo y Dafne*.

48. Dafne en griego significa «laurel».

MI NOMBRE ES ÁRTEMIS, HERMANA DE APOLO, más adelante os hablaré de mí, pero ahora os voy a contar lo desdichado que es mi hermano en el amor y no solo con ninfas sino también con muchachos. La pobre Dafne os ha contado su historia, yo os hablaré de Jacinto y Cipariso que rompieron el corazón de mi hermano.

El amor es doloroso, por eso yo lo desprecio.

Mito de Jacinto

Jacinto era un joven príncipe espartano de gran belleza del que mi hermano Apolo estaba enamorado. Eran muy felices juntos, pero la felicidad duró poco tiempo, ya que les ocurrió una desgracia. Un día ambos estaban jugando a lanzarse el disco, y cuando Apolo se lo pasó a Jacinto, rebotó en la dura tierra en el momento en que Jacinto se adelantaba imprudentemente a cogerlo e impactó en su cara. Jacinto cayó desplomado, Apolo palideció mientras sujetaba sus exangües miembros intentando reanimarlo como dios sanador que es, pero de nada le sirvieron sus artes. La herida que le había provocado el disco era incurable.

Apolo, roto de dolor, pronunció estas palabras: «Siempre estarás conmigo y tu recuerdo estará pegado a mis labios. Tú sonarás en la lira tañida por mi mano, tú sonarás en mis cantos y flor nueva reproducirás en letras mis lamentos».[49]

De la cabeza de Jacinto brotaba sangre que caía a la tierra y se mezclaba con la hierba; de esa unión nació una flor más resplandeciente que la púrpura, una flor que llevaría su nombre para ser recordado siempre: el jacinto. Además, en la forma de los pétalos de la flor puede leerse «AYAY», que es el lamento de Apolo por su pérdida.

---

49. Ovidio, *Metamorfosis*, Libro Décimo.

Jean Broc, *La muerte de Jacinto*.

Mito de Cipariso

Cipariso era un joven cazador de extraordinaria belleza que fue amado por mi hermano Apolo, quien le regaló un ciervo sagrado domesticado que adornaba con collares y guirnaldas. Su gran cornamenta brillaba adornada con oro y sobre su frente colgaba una bola de plata.

Las ninfas de los campos de Cartea lo llenaban de flores y de caricias, y el joven Cipariso lo llevaba a fuentes cristalinas y a verdes prados. Cipariso amaba tanto al ciervo como al dios que tensa las cuerdas de la cítara y el arco.[50]

50. Apolo.

Una vez, durante el caluroso mediodía, el ciervo buscó una sombra entre frondosos árboles para descansar y protegerse del calor; el joven cazador, que llevaba su jabalina en la mano, se la lanzó al ciervo por equivocación. Al ver su error y que el ciervo agonizaba, le dijo a Apolo que él también quería morir, se lo suplicó con desesperación, pues no podía soportar el dolor y la culpa por su pérdida.

Apolo, aunque amaba a Cipariso, se compadeció del muchacho y mientras lloraba abrazado al ciervo, sus miembros se empezaron a endurecer, sus cabellos —que antes caían sobre sus hombros— se iban convirtiendo en una copa hirsuta y afilada que apuntaba al cielo. Mi hermano gimió y dijo tristemente: «Serás llorado por nosotros, llorarás a los demás y estarás junto a los que sufren».[51] Cipariso se convirtió en un ciprés, árbol que está relacionado con el duelo y el dolor por la pérdida de los seres queridos.

«Yo te guardaré luto a ti y tú acompañarás a los que están en duelo».

Si os fijáis en los cipreses, podréis ver que Cipariso sigue llorando cuando la resina resbala por su tronco.

Claude-Marie Dubufe, *Apolo y Cipariso*.

51. Ovidio, *Metamorfosis*, Libro Décimo.

Mito de Coronis y Asclepio

Mi nombre es Coronis de Larisa, hija del rey Flegias y amante de Apolo. Estando embarazada del dios, le fui infiel con Isquis, un joven mortal, pero el cuervo de Apolo descubrió el adulterio y no tardó en ir a contárselo.

Por aquel tiempo, los cuervos eran aves de alas blancas y reflejos plateados, pero tenían un defecto: eran charlatanes.

De camino a contarle mi infidelidad a Apolo, el cuervo se encontró con una corneja, a la que le contó su historia. Esta corneja había sido antes una hermosa joven, cuya lealtad con la diosa Palas Atenea fue su ruina: por chivarse de algo que había visto, la diosa la convirtió en ave. Su función ahora era aprovechar su castigo para avisar a las demás aves de que no hablasen más de la cuenta.

Pero el cuervo no quiso ni escucharla, al contrario, se rio y se burló de sus estúpidos presagios. Sin perder más tiempo, emprendió su vuelo para contarle a su amo que me había visto yacer con un joven hemonio. Cuando Apolo escuchó las palabras del cuervo y se enteró del engaño de su amante, su rostro palideció y hasta se le cayó su preciada corona de laurel; se quedó paralizado mientras una llama de creciente ira iba ardiendo dentro de él.

Cogió su arco y, sin que le fallase el pulso, lo tensó. Al poco sentí cómo el frío del acero me atravesaba el pecho y caí desplomada. Solté un terrible gemido. Apolo vino hacia mí y se agachó, pues yo yacía en el suelo, y con mi último aliento le dije: «¡Habría podido pagar mi culpa hacia ti, oh Febo, pero después de dar a luz! ¡Ahora dos moriremos en una!».[52]

Esas fueron mis últimas palabras antes de que la fría muerte me cubriese. Apolo sujetaba mi cuerpo y se arrepintió de lo que había hecho, pero ya era demasiado tarde, ni siquiera sus poderes curativos podían devolverme a la vida. Se odió por ello, odió su arco y sus flechas, odió al pájaro por causar su cólera, mientras intentaba revivirme dándome calor en vano, hasta que se dio por vencido. Me prepararon la pira funeraria y cuando estaban vertiendo sobre mi pecho perfumes e

---

52. Ovidio, *Metamorfosis*, Libro Segundo.

iban a encenderla, Apolo extrajo el bebé aún con vida de mi útero al tiempo que gritaba roto de dolor y arrepentimiento.

Al menos salvó a nuestro hijo y se lo entregó al centauro Quirón.[53] Ese niño criado por Quirón era Asclepio, el dios de la medicina. El centauro estaba muy honrado y feliz de tener un nuevo pupilo y además de estirpe divina.

La hija de Quirón, Ocírroe, que tenía el poder del augurio, al ver al niño Asclepio en brazos de su padre, dijo: «¡Crece, crece, niño, tú que has de llevar la salud a todo el mundo!» y sin pensarlo empezó a vaticinar en voz alta el futuro del niño y de su padre; contó que Asclepio tendría la facultad de revivir a los muertos, que sería fulminado por el rayo de Zeus por desestabilizar el orden y que reviviría su destino dos veces.[54] «Y tú, querido padre, —dirigiéndose a Quirón—, desearás morir cuando te atormente la sangre de una terrible serpiente que invadirá tus miembros».[55] Se disponía a seguir hablando cuando sintió que su voz se entrecortaba, el destino le prohibía seguir hablando, solo emitía relinchos; los dioses la castigaron obligándola a abandonar su forma humana y la convirtieron en una yegua.

Y todo lo que vaticinó Ocírroe fue verdad.

Asclepio recibió de Atenea la sangre vertida de las venas del lado derecho de la gorgona Medusa, que poseía el poder de devolver la vida a los muertos.

Hades habló con Zeus para quejarse de que los poderes curativos de Asclepio estaban desbaratando el orden natural del mundo, y entonces Zeus mató a Asclepio con su rayo. Cuando Apolo se enteró, como no podía hacer nada contra su padre, se vengó de él matando a los cíclopes, forjadores del rayo. Zeus, lleno de ira, quiso precipitar a Apolo directamente al Tártaro, pero su madre, Leto, intercedió por él y su castigo fue servir como esclavo a un mortal durante un año. Apolo tuvo que servir al rey Admeto como boyero.

---

53. Quirón era un centauro bueno y de gran sabiduría, a quien le fue encomendada la educación de Asclepio, Jasón y Aquiles, entre otros.

54. Refiriéndose al catasterismo de Asclepio en la constelación del Serpentario.

55. Heracles disparó a Quirón sin querer con una de sus flechas impregnadas con la sangre de la hidra de Lerna.

¿Recordáis el cuervo que comenzó esta historia por contarle mi infidelidad a Apolo?

Mientras yo ardía en la pira y nuestro hijo ya había sido entregado a Quirón, Apolo se dirigió al cuervo y, mirándolo fijamente, le dijo: «No eres digno de permanecer entre las aves blancas», y sus plumas fueron oscureciéndose hasta que quedaron del color del carbón.

«Solo las aves negras traen malos presagios».
Kylix con Apolo, Museo de Delfos.

ÁRTEMIS

Canto a Ártemis, la del arco de oro, tumultuosa, virgen veneranda, que hiere a los ciervos, que se huelga con las flechas, hermana gemela de Apolo, el de la espada de oro; la cual, deleitándose en la caza por los umbríos montes y las ventosas cumbres, tiende su arco, todo él de oro, y arroja dolorosas flechas; y tiemblan las cumbres de las altas montañas, resuena horriblemente la umbría selva con el bramido de las fieras y se agitan la tierra y el mar abundante en peces; y ella, con corazón esforzado, va y viene por todas partes destruyendo la progenie de las fieras. Mas cuando la que acecha las fieras y se complace en las flechas se ha deleitado, regocijando su mente desarma su arco y se va a la gran casa de su querido hermano Febo Apolo, al rico pueblo de Delfos, para disponer el coro hermoso de las musas y las gracias. Allí, después de colgar el flexible arco y las flechas, se pone al frente de los coros y los guía, llevando el cuerpo graciosamente adornado; y aquellas, emitiendo su voz divina, cantan a Leto, la de hermosos tobillos, y cómo parió hijos que tanto superan a los demás inmortales por su inteligencia y por sus obras.[56]

SOY ÁRTEMIS, LA DIOSA DE LA CAZA y acérrima defensora de la castidad femenina. Visto una túnica hasta las rodillas, siempre llevo un arco y un carcaj con flechas, y a menudo voy acompañada de un ciervo. Nunca caigo bajo el embrujo de la diosa del amor, Afrodita.

Acompañada de un séquito de ninfas, todas ellas vírgenes, nos dedicamos a la caza salvaje, por eso me conocen también como «Señora de los animales». Si alguna de mis ninfas pierde la virginidad, será expulsada del grupo, como le ocurrió a Calisto, que ya os contó su historia.

De la misma manera que a mi hermano Apolo se le identifica con el sol, a mí me identifican con la luna; una luna creciente corona mi frente.

Soy la protectora de las amazonas, cazadoras y guerreras como yo e independientes de cualquier figura masculina.

Dicen de mí que tengo un carácter vengativo, pero mi venganza hacia los humanos viene cuando no me honran y niegan sacrificios a mi culto. En una ocasión envié un terrible jabalí a asolar las tierras de Eneo, rey de Calidón, por ofrecer sacrificios a todos los dioses menos a mí; de la misma manera llené el lecho nupcial de Admeto de serpientes por una ofensa similar; aquí tuvo que intervenir mi hermano Apolo, ya que era su boyero.

También presté ayuda a Aretusa para escapar de las proposiciones de Alfeo, pero mejor que os lo cuente ella misma. Y después de ella, yo os contaré las historias de Acteón y Orión.

---

56. *Himnos homéricos*, «XXVII: a Ártemis».

Mito de Aretusa

Soy Aretusa, un manantial de agua dulce en el corazón de la isla de Ortigia, Siracusa. Fluyo entre papiros y patos y mis aguas dulces desembocan en las aguas saladas del Porto Grande.

Yo antes era una bella ninfa de Acaya, compañera de la diosa Ártemis y, como ella, rechazaba el amor. Solo me interesaba la caza.

Un día, fatigada y acalorada de una cacería por el bosque del Estínfalo, en Arcadia, llegué a un río tan cristalino y calmado que podría haber contado los guijarros de su lecho. Los frondosos árboles lo cubrían por completo y te invitaban a bañarte; así que me desnudé, colgué mis vestiduras en un sauce de la orilla y me deslicé por aquellas aguas transparentes. De pronto, esa quietud tan placentera se rompió por un murmullo que venía del río. Asustada, salí por la orilla opuesta a donde colgaba mi vestido y así, sin ropa, empecé a correr.

Ese murmullo era Alfeo, el dios del río, que, encendido de pasión al verme, adoptó forma humana y comenzó a perseguirme, embravecido como un ave de presa persiguiendo a una paloma. Yo corría todo lo que podía, pasé por Orcómeno, Psófide, el Cilene y los valles del Mélano, Erimanto…, pero él era tan veloz como yo y mis fuerzas disminuían a cada zancada. Ya podía oír y notar su respiración en mi nuca cuando, agotada hasta la extenuación, grité: «¡Ayuda a tu escudera, a quien tantas veces encargaste que llevara tu arco y el carcaj con tus flechas!».[57]

La diosa Ártemis me escuchó y me cubrió con una espesa nube, haciéndome invisible a los ojos de Alfeo. Él rodeaba la nube y gritaba mi nombre, haciendo que me sintiera como una liebre que se escondía del hocico de un perro cazador en un arbusto. Un sudor frío recorrió todo mi cuerpo y de mis brazos empezaron a caer gotas azuladas, de mis cabellos cayó rocío, mis pies se volvieron charcos y, casi sin darme cuenta, me convertí en líquido.

Ártemis abrió un paso subterráneo en el suelo para evitar que el dios mezclase sus aguas con las del manantial en el que me había transformado y lograse unirse a mí. Fui arrastrada hasta la isla de Ortigia saliendo a la superficie con esta nueva forma.

---

57. Ovidio, *Metamorfosis*, Libro Quinto.

Jean Goujon, *Diana apoyada en un ciervo*.
© Photo Josse/Scala, Florence.

Mito de Acteón

Atardecía ya cuando mi séquito de ninfas y **YO, LA DIOSA ÁRTEMIS**, fatigadas por la caza, dejamos nuestras armas en una cueva natural de la que brotaba una fuente de aguas tranquilas formando un estanque. Me dispuse a quitarme la túnica y a desatarme las sandalias mientras una de las ninfas recogía mi cabello en un moño y las otras llenaban vasijas de agua cristalina para verterla sobre mi cuerpo.

Acteón, un joven cazador que vagaba sin rumbo fijo por esa parte desconocida del bosque, llegó sin querer a mi cueva sagrada. El joven entró y las ninfas, todas desnudas, empezaron a gritar y a intentar tapar mi desnudez con sus propios cuerpos, pero Acteón nos vio desnudas a todas.

El mismo color de que suelen teñirse las nubes cuando reflejan los rayos del sol, el mismo color que tiene la rosada Aurora, fue el que recubrió el rostro de la diosa al ser vista sin sus ropas.[58]

Ningún hombre podía ver desnudas a mi grupo de vírgenes y mucho menos a una diosa; me volví para coger mis flechas, pero no estaban a mi alcance y lo único que tenía a mano era el agua, así que se la arrojé a la cara mientras pronunciaba estas palabras: «Ahora ve a contar por ahí que me has visto desnuda. Si es que puedes contarlo».

Acteón se llevó las manos a la cabeza y notó que le salían unos cuernos de ciervo adulto, su cuello era cada vez más largo, sus orejas se volvieron puntiagudas y sus brazos y piernas se convirtieron en patas al tiempo que se cubrió de pelo. Asustado de la metamorfosis en ciervo que acababa de ocurrirle, salió corriendo más veloz de lo que era antes sin saber qué hacer. Mientras dudaba entre volver a casa con esa nueva forma o quedarse en el bosque, lo vieron sus cincuenta perros de caza,

Tiziano, *Diana y Acteón*.

58. Ovidio, *Metamorfosis*, Libro Tercero.

que se dirigieron hacia él con sed de sangre; quiso tranquilizarlos, pero no le salía la voz, solo atinaba a emitir algún extraño gemido. En la carrera sus perros lo alcanzaron y lo rodearon; después se abalanzaron sobre él hasta que destrozaron a su propio amo. Los perros movían la cabeza esperando ver llegar a Acteón para recoger el trofeo, pero el joven yacía muerto transformado en un ciervo.

Cuando los dioses conocieron esta historia, algunos pensaron que fui demasiado cruel, otros que actué de acuerdo con mis normas de estricta castidad. Y yo me quedé satisfecha con su muerte.

Mito de Orión

Orión era un gigante cazador de Hiria, Beocia, hijo de Posidón y Euríale,[59] y se decía que era el más bello de todos los hombres. Su padre Posidón le dio el don de caminar sobre las aguas igual que sobre la tierra.

La primera mujer de Orión se llamaba Side, pero fue precipitada a los Infiernos por Hera por atreverse a rivalizar en belleza con la diosa.

Tiempo después, Orión se dirigió a Quíos y, borracho, abusó de la hija de Enopión,[60] Mérope. El padre, aprovechando que Orión dormía, le sacó los ojos en venganza. El oráculo vaticinó que Orión recuperaría la vista si viajaba hacia Oriente y miraba directamente al sol; al llegar desterrado a Lemnos, Hefesto se apiadó de él y le asignó como lazarillo a un aprendiz llamado Cedalión para que lo guiase subido a sus hombros. Cedalión le dirigió hacia el oriente, donde Helios le curó la ceguera tal y como había vaticinado el oráculo. Una vez que hubo recuperado la vista quiso volver a Quíos para matar a Enopión, pero no lo encontró porque estaba escondido bajo tierra.

Sin esperanzas de dar con su paradero, se dirigió a Creta y se unió a mí, la diosa Ártemis, para ir de cacería.

Un día, para demostrarme su habilidad en la caza, tuvo la insolencia de decirme: «Ártemis, soy tan buen cazador que daría muerte a cualquier animal que sobre la Tierra viviera». La Madre Tierra al escuchar

---

59. Hija del rey Minos.
60. Hijo de la princesa cretense Ariadna.

estas palabras, irritada, hizo que apareciese un escorpión gigante que le clavó su aguijón y lo mató. Me compadecí de él, pues era mi compañero de caza, y lo elevé al firmamento junto con sus perros, pero también al escorpión, como recuerdo de lo sucedido. Es curioso porque Orión aparece en el horizonte del cielo por el oeste, mientras que su adversario Escorpio lo hace por el este y así nunca coinciden.[61]

Nicolas Poussin, *Paisaje con Orión ciego buscando al sol* (detalle).

ATENEA

Comienzo cantando a Palas Atenea, deidad gloriosa, de ojos de lechuza, sapientísima, de corazón implacable, virgen venerada, protectora de ciudades, robusta, Tritogenia,[62] a quien el próvido Zeus alumbró por sí solo en su augusta cabeza, dándola a luz revestida de armas guerreras, áureas, resplandecientes: un sentimiento de admiración se apoderó de todos los inmortales que lo contemplaron. Delante de Zeus, que lleva la égida, saltó aquella impetuosamente desde la cabeza inmortal, blandiendo el agudo dardo; y el vasto Olimpo se estremeció terriblemente por la fuerza de la de los ojos de lechuza, la tierra resonó horrendamente a su alrededor, y el ponto se conmovió revolviendo sus olas purpúreas. Pero de

---

61. Eratóstenes, *Mitología del firmamento*, Catasterismo 32: Orión.
62. Porque nació en el río Tritón.

repente se calmó el agua salobre y preclaro hijo de Hiperión detuvo largo tiempo los corceles de pies ligeros, hasta que la virgen Palas Atenea se hubo quitado de sus hombros inmortales las divinas armas; y alegrose el próvido Zeus.[63]

MI NOMBRE ES ATENEA Y SOY LA DIOSA DE LA GUERRA, de la sabiduría y de las artes manuales, sobre todo soy patrona de las tejedoras e hilanderas. Y aunque Ares también es el dios de la guerra, nos distinguimos porque yo busco la inteligencia, lo civilizado y lo tácito en el combate; al contrario que Ares, que prefiere la destrucción y la sangre. Yo quiero una guerra justa para proteger y defender mi ciudad, por lo que además soy protectora de grandes héroes como Aquiles, Perseo, Teseo o Heracles, entre otros.

Tuve un nacimiento algo excepcional, ya que nací de la cabeza de mi padre, Zeus.

La primera mujer de Zeus fue Metis.[64] Cuando estaba embarazada, Gea predijo que de la hija que llevaba Metis en su vientre nacería a su vez un hijo que estaba destinado a ser el dueño del cielo;[65] por consejo de Gea y Urano, Zeus se tragó a Metis para que no pudiera dar a luz a una descendencia que luego lo derrocase. Cuando llegó el momento del nacimiento de la hija de Metis, Zeus sintió un terrible dolor de cabeza y le pidió a Hefesto[66] que le abriese la cabeza de un hachazo, y en ese momento surgí yo, luminosa y poderosa, de la cabeza de mi padre, ya adulta y vestida de guerrera: llevaba casco, una égida de piel de cabra como coraza, y blandía la lanza y agitaba el escudo al tiempo que emitía gritos de guerra junto a las riberas del río Tritón.

Pese a los presagios, me convertí en la hija preferida de mi padre.

Mi símbolo es la lechuza, por eso me llaman también la de «ojos de lechuza». «Pallas» es otro epíteto mío, significa «la que blande la lanza y agita la égida, que provoca el terror».[67]

63. *Himnos homéricos*, «XXVIII: a Atenea».
64. Hija de Océano y Tetis, oceánide que pertenece a la primera generación divina. Metis le dio a Zeus la droga que hizo a Crono vomitar a todos sus hijos.
65. Apolodoro, *Biblioteca mitológica*, Libro 1.
66. Aquí difieren las fuentes, Píndaro y Apolodoro dicen que fue Hefesto, pero para Eurípides fue Prometeo.
67. Carlos García Gual, *Diccionario de mitos*.

Inventé la cuadriga y el carro de guerra e inspiré el famoso caballo de Troya y la construcción de la primera nave, la Argo. En el Ática se me atribuyó la invención del olivo en mi disputa con mi tío Posidón por la soberanía sobre la polis de Atenas, ciudad de la que me convertí en patrona.

Al contrario que Afrodita, no conozco amoríos ni tentaciones sexuales, me mantengo virgen por decisión propia.

Al nacer, el primero que me vio fue Hefesto y se quedó totalmente prendado de mí; le preguntó a Zeus si podía ser su esposa en pago por haberle ayudado con mi alumbramiento y, aunque mi padre ya sabía la respuesta, me preguntó a mí. Ante mi negativa, Hefesto comenzó a perseguirme y, ardoroso de deseo sexual, llegó a alcanzarme. Durante el forcejeo me cayó semen en la pierna y me la limpié con un trozo de lana que arrojé al suelo; la tierra acogió la simiente del dios y la fecundó, y más tarde nació un niño que se llamaría Erictonio. Aunque no era hijo mío, lo tomé del suelo en mis brazos y se lo entregué a las hijas de Cécrope para que lo criaran y llegara a ser uno de los primeros reyes de Atenas.

Mis fiestas principales son las Panateneas. Todos los atenienses acudían en procesión a testimoniar su devoción en el templo de la Acrópolis, el principal santuario de la ciudad en mi honor.

Fidias, *Friso de las Panateneas* (443-438 a. C.), Museo del Louvre.

Como patrona que soy de las tejedoras, os voy a contar cómo la soberbia tiene como recompensa un castigo ejemplar.

Mito de Aracne

«Yo no soy inferior a Atenea en el arte de tejer la lana», decía la infeliz de Aracne. ¿Acaso no sabía que contra los dioses no se puede competir?

Aracne era una humilde mortal de Hipepas (una aldea de Lidia), hija de Idmón de Colofón, un teñidor de lana. Ella se había ganado una buena fama por todas las ciudades de Lidia porque era una gran tejedora. La gente iba a ver la belleza de su arte y cómo trabajaba ágilmente con el huso y bordaba con la aguja y le decían como cumplido que era una digna alumna de Palas, o sea, de mí. Ella lo negaba, le parecía una ofensa porque pensaba que era mejor que yo, ¡pobre osada! Las ninfas del Pactolo,[68] viendo una de las piezas que había tejido, le dijeron asombradas:

—¡Eres una maravillosa tejedora, casi al mismo nivel que Atenea!

Aracne, soltando el huso de muy malas maneras, dijo:

—¡Que compita conmigo! ¡A nada me negaré si me vence!

Yo no podía aguantar por más tiempo tal afrenta. De modo que me disfracé de anciana y, apoyando mi temblorosa mano en un bastón, me acerqué a la joven y empecé a hablar:

—En la vejez no hay solo cosas malas: de la edad tardía nace la experiencia. Así que no te burles de mi consejo; busca la gloria de ser la primera entre las mortales en las labores de la lana, pero cede ante la diosa y ruégale con voz suplicante que perdone tus palabras, oh temeraria, ella te perdonará si se lo pides.[69]

Con soberbia Aracne me lanzó una terrible mirada mientras decía:

—¿Por qué no viene ella misma a decírmelo? ¿Por qué evita competir conmigo?

Tardé unos segundos en darme a conocer mientras la miraba fijamente a los ojos. Me despojé de la figura de anciana y me mostré ante

---

68. Río de Tracia.
69. Ovidio, *Metamorfosis,* Libro Sexto, «Aracne».

ella como la diosa que soy. Al principio se sobresaltó, pero estaba tan segura de que me iba a ganar que el rubor desapareció de inmediato. ¿Quería competir? Muy bien, pues compitamos si la joven quiere precipitarse a su ruina.

Cada una ocupó su lugar y a toda prisa los hilos que trabajábamos iban componiendo una historia.

Yo empecé tejiendo con hilos púrpura la disputa que tuve con Posidón por el dominio del Ática. Sentados sobre altos escaños tejí a Zeus como el rey de los doce dioses olímpicos en toda su majestuosidad y a mí misma con escudo, égida y la lanza que al golpear la tierra hizo brotar un olivo y me dio la victoria. Y para que fuese además moralizante, y mi rival comprendiese lo que le esperaba por el terrible atrevimiento de competir con una diosa, en cada esquina del tapiz y con colores muy vivos, añadí cuatro certámenes en los que los mortales siempre perdían. Terminé mi obra adornando los bordes del tapiz con ramas de olivo de un verde brillante.

Aracne, por su parte, representó en su tapiz todos los engaños que Zeus padre había cometido: a Europa llevada por el toro; a Asterie raptada por el águila; a Leda entre las alas de un cisne; a Dánae bajo una lluvia de oro; engañando a Alcmena convertido en su esposo Anfitrión; con la apariencia de un sátiro dejando embarazada de gemelos a la bella Antíope... Y no solo plasmó las artimañas de Zeus, sino también las de Posidón y otros dioses como Apolo, y finalizó su obra enmarcando todo el telar con hojas de hiedra entretejida con flores.

Cuando vi su trabajo terminado me quedé pasmada; ni la mismísima Envidia podría criticar semejante obra de arte. Me dio tanta rabia ver ese tapiz tan perfectamente bordado y además con ese tema que, sin pensármelo dos veces, lo rompí con la lanzadera que tenía en la mano y después comencé a golpear a Aracne en la frente una y otra vez. Ella, ultrajada e intrépida, se ató una soga al cuello para ahorcarse, pero yo me apiadé de su vida al verla colgada y mientras la sostenía pronuncié estas palabras:

—Vive, pues, desvergonzada, pero seguirás colgada; y para que no te creas a salvo del futuro, este castigo recaerá sobre tu estirpe, hasta tus últimos descendientes.

La rocié con jugo de acónito, la hierba de Hécate,[70] y sus cabellos empezaron a caerse a mechones a la vez que su cabeza se hacía más y más pequeña y desaparecían la nariz y las orejas. De los costados le colgaban unos delgados dedos y su vientre no dejaba de hincharse.

La convertí en una araña para que siguiese haciendo lo que más le gustaba: tejer.

Su orgullo fue la *hamartia*[71] que provocó su perdición.

Diego Velázquez, *Las hilanderas o la fábula de Aracne*, Museo del Prado.

Pero los dioses no solo castigamos a los mortales por su *hybris*,[72] también los ayudamos cuando nos lo solicitan o vemos alguna injusticia.

Como ejemplo, a continuación os voy a contar la historia de una hermosa joven que me llegó al corazón.

70. Divinidad de la magia y los encantamientos.
71. Error trágico.
72. Desmesura de orgullo y arrogancia en un intento de transgresión de los límites impuestos por los dioses a los mortales.

Mito de Nictímene

Cuando Epopeo era rey de Lesbos, isla griega de la gran poetisa Safo, abusó sexualmente de su bellísima hija Nictímene. La joven, avergonzada, se ocultó en el bosque, no quería que la viese nadie; cuando escuchaba un ruido se escondía donde podía. Ella quería desparecer para todos porque su vergüenza agachaba su cabeza.

Un día que pasaba yo por allí, la vi y me fijé en ella, observé sus ojos cuando levantó la mirada cabizbaja y le pregunté la causa de su tormento. Tras escuchar su historia, me apiadé de ella y la transformé en una lechuza. La lechuza es mi fiel compañera. Por esa razón las lechuzas solo salen por las noches, porque a pesar de su metamorfosis siguen sintiendo vergüenza y evitan a toda costa la luz del sol para no ser vistas.

También he ayudado a muchos héroes a conseguir sus fines, ya que soy su protectora, y por ello ayudé a Perseo a conseguir la cabeza de Medusa, intervine en la construcción de la nave Argo y participé activamente en la guerra de Troya, pero esas historias ya os las contarán sus protagonistas.

AFRODITA

Cantaré a la de áurea corona, veneranda y hermosa Afrodita, a quien se adjudicaron las ciudadelas todas de la marítima Chipre, a donde el fuerte y húmedo soplo del Céfiro la llevó por las olas del estruendoso mar entre blanca espuma; las horas, de vendas de oro, recibiéronla alegremente y la cubrieron con divinales vestiduras, pusieron sobre su cabeza inmortal una bella y bien trabajada corona de oro y en sus agujereados lóbulos flores de oricalco y de precioso oro y adornaron su tierno cuello y su blanco pecho con los collares de oro con que se adornan las mismas horas, de vendas de oro, cuando en la morada de su padres se juntan al coro encantador de las deidades. Mas, así que hubieron colocado todos estos adornos alrededor de su cuerpo, lleváronla a los inmortales; estos, al verla, la saludaron, le tendieron las manos y todos deseaban llevarla a su casa para que fuera su legítima esposa, admiraos de la belleza de Citerea, de corona de violetas.[73]

---

73. *Himnos homéricos*, «VI: a Afrodita».

SOY AFRODITA, DIOSA DEL AMOR. Nací de la blanca espuma[74] formada en el mar por los genitales de Urano, segados por su hijo Crono con una hoz dentada. Primero, navegué hacia la divina Citera; desde allí y rodeada de corrientes llegué a Chipre. Salí del mar escoltada por el Amor y el Deseo a las playas de Pafos en Chipre, donde alrededor de mis delicados pies iba brotando hierba fresca y flores a mi paso divino; allí fui acogida por las horas, que me vistieron y ataviaron para conducirme a la morada de los inmortales.

Como diosa del amor, tengo el poder sobre hombres, dioses y todas las criaturas vivientes para infundirles deseo, engaño, dulce placer, amor y dulzura.

Mis atributos son las palomas y las rosas, porque las flores nacieron conmigo. Me acompañan Eros, Hímero[75] y Peithó[76] (amor, deseo amoroso y persuasión) como ayudantes de mi cortejo.

Todos caen rendidos a mis hechizos del amor. Bueno, no sería del todo justa si no os dijese que hay tres diosas que no sucumbieron jamás a mis poderes, no pude persuadirlas ni engañarlas; una es la hija de Zeus, la que lleva la égida, Atenea, de ojos de lechuza. No le placen los amoríos, sino las guerras. Tampoco tuve nada que hacer con Ártemis, la de las flechas de oro, pues ella solo gusta de los arcos y cazar fieras en los montes. Y la última diosa a la que no pude persuadir, a pesar de tener como pretendientes a Posidón y Apolo, fue a Hestia, que hizo un juramento ante Zeus de permanecer virgen y lo cumplió. Salvo estas tres diosas, nadie está a salvo de mis encantos, tanto para bien como para mal.

A pesar de mi gran belleza, estaba casada con Hefesto, el dios de la fragua, el cojo y deforme hijo de Hera, aunque hábil en el trabajo de la forja. Yo no tardé en tener mis amantes, soy la diosa del amor, ¿qué esperabais?

Una de mis primeras infidelidades, con un final bastante vergonzoso y con implicación del propio Hefesto, fue con Ares, el dios de la guerra. Manteníamos nuestros encuentros en mi palacio cuando Hefesto se iba a la fragua y, por precaución, un efebo de Ares llamado

---

74. El esperma de los genitales del dios mutilado.
75. El genio Hímero es la personificación del deseo amoroso, vive en el Olimpo con las cárites y las musas. Es una abstracción.
76. Abstracción de la persuasión amorosa que acompaña a Afrodita en su cortejo.

Alectrión se quedaba vigilando por si mi esposo volvía. Un día, el efebo se quedó dormido y Helios, el que todo lo ve, nos sorprendió y no tardó en ir a la fragua a contarle a Hefesto que me había visto con Ares en nuestro propio lecho conyugal. Hefesto, al oír la punzante noticia, con ira se dispuso a fabricar unos hilos inquebrantables para que permanecieran firmes donde los dejase. Era una trampa para pillarnos y poder vernos con sus propios ojos. Extendió los hilos en círculo y por toda la cama junto con otros casi imperceptibles que colgaban de las vigas como si estuvieran tejidos por arañas. Después de colocar la red casi invisible, fingió que se encaminaba hacia Lemnos. Cuando Ares vio que se alejaba, entró en mi palacio y dijo: «Ven al lecho, amada mía y acostémonos; que ya Hefesto no está entre nosotros, pues partió sin duda hacia Lemnos».[77]

Diego Velázquez, *La fragua de Vulcano*, Museo del Prado.

---

77. Homero, *Odisea*, Canto VIII.

Cuando nos metimos en la cama, la red hizo su función y nos encerró dentro sin que pudiésemos salir de aquella jaula de hilos invisibles. Enseguida Hefesto se presentó allí y llamó a todos los dioses para que viesen el vergonzoso espectáculo. Llegaron Posidón, Hermes, Apolo y los demás dioses; por pudor, las diosas no acudieron. Los sempiternos dioses no pudieron contener la risa, incluso hacían bromas de lo afortunado que era Ares por yacer conmigo. Solo Posidón se mantenía serio y le suplicaba a Hefesto que pusiera en libertad a Ares, dándole su palabra de que pagaría por sus acciones. Cuando Hefesto nos soltó, Ares se fue a Tracia, y yo a Chipre, donde las cárites me lavaron, me ungieron con aceites divinos y me pusieron preciosas vestiduras. Tuve una hija con Ares llamada Harmonía, que se casaría con Cadmo, fundador de Tebas.

¿Os acordáis del efebo de Ares que tenía que vigilar para que nadie nos viese y se quedó dormido? Pues Ares lo transformó en gallo para que nunca se olvidase de avisar de la salida del sol.

Alexandre-Charles Guillemot, *Marte y Venus sorprendidos por Vulcano*.

Mito de Clitie

Y en cuanto a Helios, la venganza que recayó sobre él por ir a contarle mi infidelidad a Hefesto fue mía. Como diosa del amor, quise que recibiese un castigo memorable por haber perjudicado mi amor secreto, y yo ahora se lo iba a devolver con la misma moneda.

Helios tenía encuentros con una mortal llamada Clitie, que estaba enamorada de él y lo esperaba cada noche en sus aposentos cuando el sol ya daba paso a la luna. Clitie tenía una hermana, Leucótoe, ajena a su aventura con el dios del sol. Mi venganza fue que Helios se enamorase de Leucótoe, y la fatalidad ya vendría sola.

Helios, que debía abrasar toda la tierra con sus llamas, ahora ardía en un fuego distinto, pues estaba tan prendado de Leucótoe que a veces se sumergía más tarde en las olas, haciendo más largos los días del invierno, o salía antes en el cielo para poder verla. Cada noche, Helios llevaba a sus caballos a unos pastos bajo el cielo de la Hesperia, donde los equinos no comían hierba sino ambrosía y reponían fuerzas para el día siguiente. Mientras los animales se alimentaban, Helios, adoptando el aspecto de Eurínome, la madre de Clitie y Leucótoe, entraba en los aposentos de esta última y ordenaba salir a todo el servicio que estaba bordando allí. Una vez que se fueron todas, Helios le contó a la joven quién era y que deseaba estar con ella. La joven sintió mucho miedo, pero el dios se presentó en toda su magnitud y ella no pudo resistirse a su gran belleza y yació con él. Su hermana Clitie los vio y sintió muchos celos, tantos que fue a contárselo todo a su padre, quien ofendido castigó cruelmente a Leucótoe enterrándola viva.

Los intentos de Helios y su hijo Faetón de abrir un camino en la tierra para que su amada pudiese respirar fueron en vano, el peso de la tierra pudo con su vida. Entonces Helios roció el túmulo con néctar divino que empapó la tierra con su aroma, y poco a poco, el cuerpo se fue transformando en un arbusto que salía a la luz del sol convertido en incienso. Este fue el dolor más grande que sufrió el auriga de los caballos alados.[78]

---

78. Refiriéndose al sol. Ovidio, *Metamorfosis*, Libro Cuarto.

Clitie, ingenua, quiso volver a tener encuentros con Helios, pero este ni la miraba y la despreciaba por su implicación en lo sucedido. Durante nueve días y nueve noches, Clitie no probó ni agua ni alimento, tan solo se alimentaba del rocío y de sus propias lágrimas sin moverse del suelo, se limitaba a mirar al sol dirigiendo su rostro hacia él a su paso. Sus miembros se adhirieron al suelo y empezaron a transformarse en hierba seca, de sus pies crecieron raíces que la anclaron para siempre a la tierra, solo podía mover la cabeza, siempre hacia su amado sol, por quien, aunque transformada en girasol, seguía conservando su amor.

Y así fue como me vengué de Helios.

Frederic Leighton, *Clitie*.

Hermafrodito

También tuve un hijo con Hermes, otro de mis amantes. Ese niño se llamó Hermafrodito (la unión de nuestros nombres: Hermes y Afrodita) y heredó la belleza de ambos. Fue criado por unas náyades en sus cuevas del monte Ida. Estuvo con ellas hasta los quince años y después se dedicó a viajar y descubrir nuevos lugares. Llegó a Licia y encontró un estanque de aguas relucientes con la orilla cubierta de

Gian Lorenzo Bernini, *Hermafrodito durmiente*, Museo del Louvre.

hierba fresca y verde. En ese estanque vivía una ninfa llamada Salmacis que era la única que no seguía con el arco a Ártemis, como hacían las demás.

A Salmacis no le interesaban ni el arco ni la jabalina ni la caza. Era presumida y se pasaba el día peinando sus cabellos y mirándose en esas aguas cristalinas. Un día que estaba recogiendo flores cerca del estanque vio a mi hijo Hermafrodito y, acercándose a él, le dijo que era el joven más hermoso que había visto nunca y que afortunada sería quien fuese su esposa, pero que si no la tenía, que la eligiese a ella. Mi hijo se ruborizó al escuchar esas palabras, él no sabía lo que era el amor. Salmacis le tendía los brazos sobre el cuello para besarle, pero él rechazaba todo contacto con la hermosa ninfa. Ella, dándole la espalda, fingió que se marchaba, pero se quedó observando desde unos arbustos. Mi hijo, al verse solo, se quitó toda la ropa y se metió en el estanque de aguas relucientes. Salmacis salió de su escondite y, tras quitarse la ropa, se metió en el agua y agarró a mi hijo por el cuello. Con las piernas enroscadas en su cintura empezó a besarle y a acariciarle, pero él intentaba separarse de su cuerpo y le negaba tan ansiado placer. Ella imploró a los dioses: «Haced, oh dioses, que nunca llegue el día en que él se separe de mí ni yo de él».[79] Desconozco qué dios favoreció su ruego, pero los dos cuerpos se fundieron en una única figura de doble naturaleza, un semihombre con miembros afeminados.

Mi hijo alzó los brazos por encima del agua y gritó: «Padre, madre, conceded un don al hijo que lleva vuestros nombres: que todos los hombres que vengan a esta fuente salgan de ella siendo hombres a medias, ¡y que el contacto con sus aguas ablande inmediatamente sus cuerpos!». Nos conmovieron sus palabras y vertimos en la fuente un veneno que hizo que esas aguas cristalinas debilitaran y ablandaran los cuerpos de los hombres que en ella se sumergían.

A pesar de haber tenido hijos y amoríos con Ares y Hermes, mi gran amor fue el bello Adonis. Pero dejaré que os cuente su nacimiento su propia madre.

Mito de Adonis

Mi nombre es Mirra, hija de Ciniras, rey de Chipre. Eros niega que hayan sido sus flechas las que me hirieron y reivindica su inocencia en este crimen. Toda la culpa la tuvo mi madre, que dijo que yo era más hermosa que la mismísima Afrodita. ¿Cómo se le ocurrió cometer *hybris* contra la diosa de la belleza? No se puede ofender a los dioses, si lo haces toda su ira caerá contra ti o sobre alguien a quien te duela mucho ver sufrir. En este caso, la imprudencia de mi madre hizo que la Citera[80] inspirase sobre mí un amor criminal.

Me enamoré de mi padre. Yo rechazaba ese amor que ardía dentro de mí, y suplicaba: «¡Oh, dioses, oh, respeto filial y vínculos sagrados de los padres, impedid esta monstruosidad, detened esta iniquidad que deseo cometer!».[81] Quería huir y abandonar los confines de mi patria, pero mi amor era tan fuerte que me conformaba con tocarle, hablarle, besarle. No podía ser rival de mi madre y tampoco podía con el peso de mis pensamientos impuros, pero el sentimiento era tan fuerte que no podía apartarlos de mi mente.

---

79. Ovidio, *Metamorfosis*, Libro Cuarto.
80. Afrodita.
81. Ovidio, *Metamorfosis*, Libro Décimo.

Yo tenía muchísimos pretendientes, tantos que mi padre no sabía a cuál escoger, así que me preguntó por mis preferencias y yo le respondí: «Parecido a ti». A mi padre le halagó esa respuesta y me dio muchos besos, castos para él, culpables para mí.

Esa noche no podía dormir consumida por un fuego indomable y, avergonzada de mi situación, pensé que solo encontraría alivio en la muerte, por lo que anudé un lazo a mi garganta y até a una viga el cordón que ceñía mi cintura. Entre sollozos grité: «Adiós, amado Cíniras; espero que entiendas la causa de mi muerte».

Mi nodriza me escuchó y fue a toda velocidad a rasgar el lazo que rodeaba mi cuello, me abrazó y yo rompí a llorar, y tras suplicarme el motivo de esa cuerda se lo conté todo. Un escalofrío helado recorrió a mi anciana nodriza; ella me daba consejos que yo ya sabía de sobra, solo quería morir si no podía conseguir su amor. Y entonces ella me susurró: «¡Vive! Tendrás a tu…», no se atrevió a pronunciar «padre», pero juró por los dioses su promesa.

Aprovechando que las matronas celebraban la fiesta anual de Deméter, en la que durante nueve noches estaba prohibido el contacto amoroso con hombres, la nodriza me metió en la cama de mi propio padre diciendo: «Tómala, Cíniras, es tuya». Él, aturdido por el vino que había tomado, me aceptó en su lecho. El rey, ansioso de ver el rostro de la joven que durante estas nueve noches visitaba su lecho, acercó una lámpara mientras dormía y se quedó helado cuando me vio.

Y comprendió el crimen.

Y desenvainó su espada mudo de dolor.

Hui de la muerte con el favor de las tinieblas y de la negra noche.

Durante nueve meses vagué sin rumbo hasta que llegué a la región de Saba. Las fuerzas me fallaban, estaba agotada, apenas podía soportar ya el peso de mi vientre. Sí, estaba embarazada de mi padre, y exclamé:

> Oh, dioses, si es que hay alguno que se compadece de los arrepentidos, me he merecido un castigo y no lo rechazo. Pero ¡para no contaminar a los vivos con mi vida ni a los difuntos con mi muerte, expulsadme de ambos reinos y, transformándome, negadme a la vez la muerte y la vida![82]

---

82. Ovidio, *Metamorfosis*, Libro Décimo «Adonis».

No había terminado de hablar cuando mi cuerpo se paralizó y la tierra comenzó a subir por mis pies, de los que iban creciendo retorcidas raíces que me anclaban al suelo; mi cuerpo se endureció, mi sangre se volvió blanca y de mis brazos crecieron ramas. Mi cuerpo se llenó de corteza y hundí mi rostro bajo ella; me había convertido en árbol, el árbol de la mirra, un árbol que lleva mi nombre.

Convertida en árbol di a luz a un precioso bebé, Adonis. Las náyades que me asistieron lo depositaron sobre tiernas hierbas y lo ungieron con mis lágrimas de mirra.

YO, AFRODITA, retomo la narración para contaros que, como diosa del amor, amé a ese hermoso bebé y se lo confié a Perséfone para que lo criase en secreto. Pasados los años yo iría a recogerlo.

Transcurrió el tiempo y cuando fui a por Adonis, Perséfone, que también se había prendado de él, se negó a devolvérmelo. Nuestra disputa la zanjó Zeus decidiendo que un tercio del año viviría con Perséfone, otro tercio conmigo y el último tercio del año con quien él quisiera. Adonis decidió pasar dos tercios del año conmigo y solo uno con Perséfone.

Durante el tiempo que estábamos juntos no me separaba de él. Se convirtió en un gran cazador y yo le acompañaba en sus cacerías menores, pues tenía miedo de que alguna bestia terminase con su vida. Le advertí que tuviese mucho cuidado, pero él me tranquilizaba asegurándome que era un gran cazador.

Vivimos un bonito idilio hasta que ocurrió una fatalidad. En una de sus cacerías, los perros de Adonis iban siguiendo las huellas de un jabalí hasta que lo encontraron en un escondrijo y, al acercarse Adonis, el jabalí[83] salió de los arbustos y le clavó los colmillos en la ingle. Escuché el quejido roto de Adonis mientras cruzaba el cielo con mi carro tirado por cisnes y bajé inmediatamente a la tierra temiéndome lo peor. Cuando vi el cuerpo de Adonis que se retorcía en su propia sangre, me tiré del carro desgarrándome la ropa; descalza y golpeándome el pecho,

---

83. Las versiones del jabalí varían, unos dicen que fue Ares transformado en jabalí por celos de Adonis, y otros que lo envió la diosa Ártemis.

Tiziano, *Venus y Adonis*, Museo del Prado.

me quejaba a los hados llorando profundamente. ¡No podía ser! ¡Adonis no, por todos los dioses!

Yo quería devolverle la vida, pero no podía. Fui corriendo a socorrerle y a medida que me iba pinchando los pies descalzos con las espinas de todas las rosas, que en su origen eran blancas, los pétalos se iban tiñendo de rojo con mi sangre. Mis lágrimas se mezclaron con la sangre de Adonis; de cada lágrima nació una rosa y de cada gota de sangre de Adonis una anémona. Y pronto nos vimos rodeados de un jardín lleno de flores mientras yo lloraba el cuerpo de mi amado.

Yo lo honré, quedaría para siempre el testimonio de mi amor y dolor por la pérdida de Adonis. La escena de su muerte se repetirá cada año en una representación de mi sufrimiento en las fiestas Adonias que yo instauré.[84]

84. En honor a Adonis se celebraban en verano, en Atenas, las fiestas Adonias, en las que las mujeres cortesanas entonaban lamentos mientras realizaban un rito en el que sembraban trigo, lechuga, cebada o hinojo en tiestos poco hondos y los expo-

> Ha perdido a su bello esposo y con él perdió su sagrada belleza.
> Hermoso era su aspecto mientras Adonis vivía. Su belleza ha muerto
> con Adonis. «¡Ay de Cipris!»,[85] dicen todas las montañas, y las encinas:
> «¡Ay de Adonis!», y los ríos lloran los pesares de Afrodita y, en las
> montañas, las fuentes derraman su llanto por Adonis, las flores se enrojecen de dolor, y Citerea, por todas las colinas, por todos los valles,
> entona su lamento: «Murió el bello Adonis. ¿Quién no lloraría, ¡ay!, por
> el desgraciado amor de Cipris?».[86]

No podía soportar el dolor que sentía en mi corazón por la muerte de Adonis, así que consulté al oráculo y Apolo me dijo que para curarme tenía que hacer el salto de Léucade. Me dirigí a la isla y salté desde el más alto acantilado. Salí aliviada de las aguas. Y curada. La noticia se corrió por toda la isla y desde entonces las muchachas que tenían desengaños amorosos hacían el salto para curarse también, pero ellas perecían en las aguas ya que no eran diosas y esto no funciona con mortales.

La poetisa Safo de Lesbos hizo el salto cuando fue rechazada por Faón y se despidió con un poema dedicado a mí:

> *...Ven, pues, ¡oh diosa! Y mis anhelos cumple,*
> *liberta el alma de su dura pena;*
> *cual protectora en la batalla lidia*
> *siempre a mi lado.*

Como diosa del amor que soy, también ayudo a los mortales merecedores de él a que lo consigan. Si me ofenden, castigo; si me honran, premio. Es así de sencillo, y os voy a contar una historia donde vais a ver los dos casos.

---

nían al sol. La planta brotaba en unos días debido a la poca tierra y el calor del sol la marchitaba igual de rápido. Ese germinar, crecer, madurar y secarse simbolizaba la vida fugaz de Adonis. Cuando estos «jardines de Adonis» se marchitaban a los pocos días se arrojaban al mar. Adonis resucitaba y moría cada año encarnando el espíritu de la vegetación.

85. Afrodita.
86. Fragmento del poema «Canto fúnebre en honor a Adonis», del poeta Bión.

Mito de Pigmalión

En una ciudad de la costa meridional de Chipre llamada Amatunte vivían las propétides, que se atrevieron a decir de mí que yo no era una divinidad y, por lo tanto, se negaban a honrarme; eso me enfadaba mucho, así que hice que fuesen las primeras mujeres en prostituirse. Perdieron el pudor y se hicieron duras, tanto que terminaron convertidas en piedras.

Pigmalión, rey de Chipre, conocía la vida vergonzosa de esas mujeres y eligió vivir célibe y sin esposa. Resulta que era un buen escultor y talló con admirable talento la escultura de una mujer con una belleza superior. Pigmalión besaba y acariciaba a la muchacha de frío y níveo marfil pues, sin darse cuenta, se había enamorado de su propia obra. Pasaba el día a su lado hablándole, haciéndole regalos, adornándola con preciosas joyas y acariciándola. La abrazaba y deseaba ser correspondido.

Llegó el día de mi fiesta anual y Pigmalión, tras cumplir todos los ritos obligados, se paró ante el altar mirándome tímidamente y, desde lo más profundo de su corazón, pronunció estas palabras sin apartar la vista de mi imagen: «Oh dioses, si todo lo podéis conceder, deseo que sea mi esposa... —No se atrevió a decir "la muchacha de marfil", porque lo veía imposible, así que continuó—: una parecida a mi muchacha de marfil».[87] Sus palabras me enternecieron y decidí concedérselo, pues era merecedor de mi don.

Cuando Pigmalión llegó al palacio fue directo a ver a su amada escultura y la besó. Le pareció que estaba tibia, volvió a besarla y notó su calor. Acarició su cuerpo, que iba perdiendo rigidez, y el marfil se ablandaba con cada roce de sus manos. Estaba entre alegre y asombrado. Tímidamente fue tocando su cuerpo y comprobando que el marfil se había hecho carne. Sus dos corazones latían muy fuerte.

Pigmalión me lo agradeció con lágrimas en los ojos, y yo misma estuve presente en su boda. Tuvieron una hija a la que llamaron Pafos, de quien una ciudad en la isla recibe su nombre. Y su felicidad también fue la mía.

---

87. Ovidio, *Metamorfosis*, Libro Décimo.

Jean-Léon Gérôme, *Pigmalión y Galatea*.

Y no solo ayudé a Pigmalión a conseguir a su amada, también lo hice con Hipómenes, aunque por su imprudencia él y su amada obtuvieron un castigo de otra diosa provocado por mí. Cedo la palabra a Atalanta para que ella os cuente su historia.

Mito de Atalanta e Hipómenes

Soy Atalanta, fiel seguidora de la diosa Ártemis. No me interesan los hombres y mucho menos el matrimonio, lo que yo quiero es ser cazadora como ella.

Un día el oráculo vaticinó que debía evitar la experiencia conyugal, pues eso me traería grandes desventuras.

Sin embargo, mi padre, el rey Esqueneo, quería que me casase, pero yo impuse una condición a quien quisiera ser mi esposo: «Competid conmigo con vuestros pies: el que sea más veloz recibirá como premio esposa y matrimonio, los lentos pagarán con la muerte».[88] No había criatura humana en la tierra más veloz que yo en las carreras. Se presentaron muchos pretendientes, y yo los miraba y pensaba en sus desgraciadas vidas porque iban a morir con mi lanza cuando los adelantase. Llegó el día de la carrera. Como espectador en la grada estaba Hipómenes, un joven apuesto descendiente de Posidón; él se preguntaba cómo era posible que los pretendientes se presentasen voluntarios a sabiendas de que probablemente iban a morir, no entendía que hubiese alguien dispuesto a correr ese peligro por buscar esposa. Pero en cuanto vio mi cuerpo y mi rostro sí quiso competir conmigo.

A mí me cautivaron su belleza, su juventud y su valentía. Intenté convencerle de que abandonase esa idea porque moriría, le insistía en que ninguna otra mujer se negaría a ser su esposa. Y a la vez yo pensaba: «Ah, desdichado Hipómenes, ¡ojalá nunca me hubieras visto! Eres digno de seguir viviendo: si yo fuera más afortunada y no me prohibiera el matrimonio un triste destino, tú serías el único con quien querría compartir mi lecho».[89]

Hipómenes estaba seguro de que quería competir con Atalanta e invocó a la diosa Afrodita: «Que la diosa Citera me ayude por la pasión que me ha infundido». Ella lo escuchó y, acercándose al joven como una suave brisa, le regaló tres manzanas de oro del campo de Támaso, donde hay un árbol de copa dorada y ramas de oro, indicándole de qué forma debía utilizarlas.

Comenzó la carrera y yo tenía la esperanza de que él me ganase, sentía una pasión hasta ahora desconocida para mí, pero no podía permitirlo, así que empecé a correr velozmente y cuando lo iba dejando bastante atrás, frenaba un poco para que me adelantase, pero luego yo volvía a ponerme por delante. En una de estas veces que me adelantó, Hipómenes lanzó una de las manzanas de oro; yo me sorprendí y no pude resistirme a coger esa brillante manzana aun desviándome de la carrera. «Ya lo alcanzaré», pensé. Recuperé mi retraso al poco tiempo y le volví a adelantar cuando lanzó otra manzana, esta vez un poco más alejada. Fui a por ella y de nuevo recuperé el tiempo perdido para ade-

---

88. Ovidio, *Metamorfosis*, Libro Décimo.
89. *Ibid.*

Guido Reni, *Hipómenes y Atalanta*.

lantarle. Ya no quedaba mucho para llegar a la meta cuando Hipómenes lanzó su última manzana en diagonal, fuera de la pista y bastante lejos. Dudé si ir a por ella, pero una fuerza sobrehumana —sin duda obra de Afrodita— me obligó a recogerla. Cuando la levanté del suelo la manzana aumentó de peso, consiguiendo que yo me demorase más e Hipómenes llegase a la meta antes que yo. He de reconocer que en el fondo me alegré.

SOY AFRODITA, LA DIOSA DEL AMOR, y consigo todo lo que me propongo. Hipómenes me pidió ayuda y triunfó el amor porque Atalanta también estaba enamorada de él. Pero no soporto que los mortales no sean agradecidos. Ni una ofrenda de incienso me hicieron, desprecio que yo no podía consentir, y para dar ejemplo a los hombres de que hay que ser agradecidos con los dioses, instigué un plan.

Un día, cuando la pareja paseaba por un frondoso bosque donde se encuentra un templo dedicado a la diosa Cibeles, les induje a descansar del largo camino. Entonces incité en Hipómenes un enorme deseo de yacer con Atalanta. En una cueva cercana al templo y consagrada a dioses antiguos, repleta de estatuas de madera, profanaron el lugar sagrado dando rienda suelta a su amor. Ofendida, la diosa Cibeles los transformó en leones para que tirasen de su carro durante toda la eternidad.

Fuente de Cibeles, Madrid.

Antes os he dicho que como diosa del amor consigo todo lo que quiero, pero la verdad es que no siempre es así; a veces las cosas me salen al revés de lo que pretendo, como me ocurrió con una joven llamada Psique a la que yo detestaba.

Pero mejor que sea la propia Psique quien os cuente su historia de amor con mi hijo Eros.

Mito de Eros y Psique

MI NOMBRE ES PSIQVE, SOY HIJA DE REYES, la menor de tres hermanas. Decían de mí que era tan hermosa que la voz humana no tenía palabras para expresarlo; me veneraban como si fuese la diosa Afrodita en persona.

La noticia de mi belleza se fue extendiendo a las ciudades vecinas, donde contaban que el rocío del cielo había formado otra Afrodita. Ya nadie navegaba hacia Pafos,[90] Cnido[91] ni hacia la misma Citera[92] para contemplar a la diosa. Yo no era la reencarnación de Afrodita, pero nada podía hacer para convencerlos. Ese traspaso de honores divinos a mi favor inflamó la violenta cólera de la verdadera Afrodita, quien proclamó: «¿En vano el famoso pastor[93] me eligió la diosa más bella para que me represente en la tierra una joven destinada a la muerte? Haré que esa criatura se lamente de su seductora hermosura». Llena de rabia, la diosa llamó a su hijo Eros, el niño alado que va armado con antorchas y flechas; le contó cómo estaba siendo despreciada por una bella mortal y le pidió que vengara a su madre provocando que yo me enamorara del último de los hombres, un maldito de la fortuna en su posición social, en su patrimonio y en su propia integridad personal, el hombre más desgraciado que existiera.

¿Y de qué me servía a mí ser tan bella? Mis dos hermanas ya estaban casadas, pero nadie pedía mi mano, me veían como una diosa y ni príncipe ni plebeyo osaba intentarlo. Odiaba mi belleza.

Mi padre estaba desesperado por mi soltería, pensaba que podría ser por una maldición divina, así que acudió al oráculo de Apolo para pedirle un marido para mí. El oráculo formuló el siguiente vaticinio:

> Sobre una roca de la alta montaña, instala, ¡oh rey!, un tálamo fúnebre y deja en él a tu hija ataviada con ricas galas. No esperes un yerno de estirpe mortal, sino un monstruo cruel con la ferocidad de la víbora, un monstruo que tiene alas y vuela por el éter, que siembra desazón en todas partes, que lo destruye todo metódicamente a sangre y fuego, ante quien tiembla el mismo [Zeus], se acobardan atemorizadas las divinidades y retroceden horrorizados los ríos infernales y las tinieblas del Estigio.[94]

---

90. Chipre.
91. Asia Menor.
92. Peloponeso.
93. En alusión al juicio de Paris que la eligió como la más bella entre Hera, Atenea y Afrodita.
94. Apuleyo, *El asno de oro*. [Me permito la licencia de cambiar la nomenclatura latina que utiliza Apuleyo porque este libro es de mitología griega. Venus = Afrodita; Cupido = Eros; Júpiter = Zeus; Ceres = Deméter; Juno = Hera].

Mis padres estaban desolados pero, con toda la pena de su corazón, cumplieron la sentencia del destino.

Me dejaron en lo alto de la roca, temblaba de miedo; no sabía lo que me iba a encontrar y estaba sola. Sentí que Céfiro me acariciaba suavemente y me llevaba hasta un valle lleno de flores, donde, a lo lejos, se veía un palacio digno de ser el hogar de un dios.

Eros se había enamorado de mí y no pudo hacer caso del terrible castigo que Afrodita había planeado. Me acerqué al palacio y atravesé el umbral. Oía voces, pero no veía a nadie. Eran voces dulces que me invitaban a darme un baño para un banquete que habían organizado en mi honor. De pronto me sentí tranquila. Las mismas voces, después de prepararme el baño y suculentos alimentos, me aconsejaron que me fuese a dormir. Estaba muy cansada por tantas emociones, así que me dormí pronto, pero entrada la noche un ligero ruido me despertó. Me asusté mucho, me acordé del monstruo que mencionó el oráculo y el corazón cada vez me palpitaba más fuerte. La habitación estaba completamente a oscuras. Noté que alguien subía al lecho. Mi respiración se aceleró y yo temblaba, pero él me abrazó, me besó, me acarició y cada vez me sentí más relajada, hasta que hizo de mí su esposa y yo le entregué mi virginidad. Y me sentí bien.

Antes de que un rayo de sol del día siguiente penetrase en nuestra alcoba y pudiera verle, él ya había desaparecido. Cada noche me amaba, yo le esperaba porque me había acostumbrado a sus caricias. Éramos muy felices. Un día me advirtió de que mi familia me daba por muerta y que mis hermanas buscaban mi rastro. Me pidió que no las escuchase, que la Fortuna me perseguiría con crueldad. ¿Mis hermanas y mis padres lloran mi muerte y yo no puedo darles unas palabras de consuelo mientras soy feliz en esta cárcel sin ver a nadie? No podía dejar de llorar, eso sí que era crueldad.

Mi esposo notó mi tristeza. Yo solo quería que mis hermanas me vieran y les dijeran a mis padres que era muy feliz. Él accedió a que pudiera verlas con la condición de que yo no intentase nunca contemplar su rostro, por mucho que me lo pidieran mis hermanas. Esa curiosidad se consideraría un sacrilegio y me privaría para siempre de su amor. Desde luego, yo no estaba dispuesta a perderle. Le pedí que Céfiro las trajese de la misma manera que me había traído a mí a palacio. Y así sucedió.

Abracé a mis hermanas y las colmé de joyas y oro; estaba muy feliz. Ellas no tanto... La envidia no es buena compañera ni consejera. Y claro, me preguntaron por mi misterioso esposo, así que me inventé que era un apuesto y joven cazador. Como temía que siguieran preguntando y tuviera que traicionar la promesa que le hice a mi esposo, les regalé muchos objetos de gran valor y llamé a Céfiro para que se las volviese a llevar. Mis hermanas se iban alimentando la una a la otra con la envidia que sintieron de mi felicidad y riqueza, decían que parecía una diosa dando órdenes a los mismos vientos.

Les pedí que les transmitiesen a mis padres lo feliz que era, que estaba viva y enamorada y que nadaba en la abundancia, que no se preocupasen por mí y que ya iría a verlos cuando pudiese. Pero mis hermanas eran malas, no solo no les dijeron nada a mis padres, dejándolos con la pena, sino que además planearon asesinarme. Llegó la noche y con ella mi amado esposo, que me volvió a advertir de las malas artes de aquellas brujas que yo llamaba hermanas, y de que volverían con más preguntas sobre él.

> Si ves una vez mi cara, ya no la volverás a ver. Vamos a tener familia: tú, que hasta ahora eras una niña, llevas ya en tu seno otro niño, que será un dios si sabes callar y guardar nuestro secreto; si lo profanaras, nuestro hijo será un simple mortal.[95]

Por todos los dioses del Olimpo, ¡estaba embarazada! Me sentía la mujer más afortunada del mundo, mi felicidad era plena. Pero yo quería volver a ver a mis hermanas y, entre abrazos y bonitas palabras, hechicé a mi esposo para que accediera a que Céfiro las volviese a traer a nuestro palacio. Mi corazón es tan puro que no podía ni imaginar que mis hermanas deseasen mi mal; quería contarles lo feliz que era y que iba a ser madre.

Mis hermanas volvieron con fingidos abrazos y halagos, comimos deliciosos manjares entre liras y flautas que sonaban cuando yo se lo

---

95. Apuleyo, *El asno de oro*.

pedía, hasta que desviaron la conversación a su propósito inicial y me volvieron a preguntar por mi esposo. Intenté salir del paso contando una historia que en nada se parecía a la que les había contado la primera vez y mis hermanas se dieron cuenta de que yo nunca lo había visto. Ellas me dijeron que ese al que no había visto y me hacía tan feliz era en realidad un monstruo, una terrible serpiente que terminaría engulléndome, y me recordaron lo que la pitonisa dijo en el oráculo. Me dieron una navaja afilada y una lámpara de aceite para que cuando estuviese dormido pudiera verle el rostro y cortarle la cabeza, librándome así del monstruo para salvar mi vida. ¿Cómo pude ser tan ingenua y creer esa historia?

Había entrado la noche y mi esposo ya estaba junto a mí en el lecho, hicimos el amor como cada día y después él cayó en un profundo sueño. Sigilosa y temerosa, cogí la navaja y encendí la lámpara, y casi desfallecí ante esa maravillosa aparición. Vi su carcaj en el suelo y sin querer me pinché con la punta de una de sus flechas. Me enamoré del Amor. No pude controlar mi emoción al ver aquel hermoso rostro y mis temblorosas manos hicieron que una gota hirviendo de la lamparita cayese en el hombro derecho del dios. Eros se despertó, me miró horrorizado y levantó el vuelo. Me abandonó y yo me sentí morir, pero antes de marcharse me dijo: «Te he convertido en mi esposa sin tener en cuenta las órdenes de mi madre, Afrodita, que quería para ti un indigno matrimonio, y me has tomado por un monstruo. Tu mano ha pretendido cortarme la cabeza cuyos ojos te adoran, no me has dejado otra alternativa que abandonarte».

Vi cómo se alejaba agitando sus alas hasta desaparecer. El dolor que sentí desgarró mi corazón, ya no quería vivir. Salí corriendo y me lancé al río para que sus aguas me tragasen, pero el río me acogió cariñosamente y me devolvió a la orilla. Allí me encontré con el dios Pan, que me aconsejó suplicarle a Eros que me perdonase y no dejase de luchar por nuestro amor.

Entre sollozos, comencé a caminar sin rumbo aparente y llegué a la ciudad donde reinaba el marido de una de mis hermanas, y me presenté ante ella. Le conté todo lo que había ocurrido, que mi amante era el mismísimo dios del amor y que me había abandonado, no sin antes decirme que en venganza se iba a casar con mi hermana, añadiendo su nombre, en un solemne matrimonio. Mi hermana, bajo el estímulo de una pasión desenfrenada, se excusó ante su esposo con una mentira y se fue a la roca donde Céfiro las recogía para ir al palacio de Eros. Una vez arriba, se precipitó al vacío diciendo: «Céfiro, sostén a tu soberana y llévame ante Eros, que me hará su digna esposa». Pero Céfiro no intervino, y ella fue rodando colina abajo, desgarrándose y desparramando todos sus miembros, que servirían como pasto para aves de rapiña y fieras.

La segunda parte de mi venganza no se hizo esperar. Del mismo modo llegué a la ciudad en la que vivía mi otra hermana y esta, con la misma facilidad y la misma historia, tuvo el mismo final que la primera.

Sí, me vengué de mis dos perversas hermanas, pero estaba perdida, había sido abandonada por el dios del amor y me propuse recorrer el mundo si hacía falta para encontrarle.

Eros se había ido a casa de su madre. Afrodita no lo supo hasta que una gaviota interrumpió su baño para contarle que su hijo estaba decaído, que sufría por una quemadura dolorosa y que estaba en la cama en su habitación. La herida se la había hecho una mujer y el mismísimo dios del amor sufría mal de amores.

Afrodita quiso saber de quién estaba enamorado su hijo, y el ave parlanchina le habló de mí. Se indignó tanto al escuchar mi nombre que entró en la habitación de su hijo recriminándole su actitud y le dijo que había sido una ofensa tan grande enamorarse de su rival en belleza y no obedecer sus órdenes que ella misma se vengaría de mí.

Yo seguía buscando a mi querido esposo ajena a la ira de Afrodita, cuando a lo lejos vi un palacio y me acerqué hasta allí. Era el palacio de Deméter, a quien imploré su ayuda; aunque sintió lástima por mí, no pudo ayudarme por temor a Afrodita. Me dijo que me estaba buscando para vengarse y terminar conmigo, y me dejó ir.

Seguí mi camino y me acerqué a otra puerta sagrada. Esta vez me hallaba ante la hermana y esposa del gran Zeus, Hera, pero obtuve la misma respuesta que con la otra diosa.

Afrodita no conseguía encontrarme ni por aire con su majestuoso carro de oro tirado por palomas, ni por tierra, así que tuvo que solicitar la ayuda de Hermes, el más veloz de los mensajeros de los dioses, que corrió de pueblo en pueblo por todo el mundo avisando a todos los mortales de que si daban conmigo tendrían una recompensa. Ahora sí que estaba perdida del todo. Me encontró una sirvienta de Afrodita llamada Costumbre y, arrastrándome de los pelos, me llevó ante ella, que mandó a sus otras esclavas, Inquietud y Tristeza, para atormentarme. La diosa fue extremadamente cruel conmigo, me dijo que mi matrimonio no era legal porque sin testigos y sin el consentimiento paterno no se consideraba legítimo, y que mi hijo sería bastardo. Eso en el caso que naciese... Tuve muchísimo miedo cuando escuché esas palabras. Se abalanzó sobre mí y empezó a golpearme sin piedad. Después mandó que me trajesen un montón de semillas distintas: trigo, cebada, garbanzos, lentejas, habas, semillas de amapola..., y me dijo que antes del anochecer había de tenerlo todo debidamente separado para poder darme su aprobación. Yo no hubiese podido separar todos esos montones de semillas de no ser por la ayuda de las hormigas que acudieron a la llamada de otra hormiga que se compadeció de mí por la dificultad que suponía semejante tarea, y, corriendo de un lado para otro, reunió a todo un ejército diciendo:

> Tened compasión, activas hijas de la tierra fecunda, tened compasión de la esposa del Amor: es una jovencita hermosa y está en peligro; deprisa, acudid rápidamente en su auxilio.[96]

Cuando a primera hora de la noche Afrodita vino a ver mi fracaso, se quedó asombrada de la prodigiosa tarea. «Esto no es obra tuya —dijo—, seguro que ha sido cosa de mi hijo», y se alejó de allí tras encerrarme bajo el mismo techo que mi amado, pero en la distancia del palacio.

La noche dio paso a la aurora y Afrodita volvió a visitarme para pedirme otra empresa imposible para una mortal. Esta vez tenía que llevarle un mechón de lana dorado de unas temibles y rabiosas ovejas que pastaban a lo largo de un río en un bosque frondoso. Me dirigía al río, pero no con la intención de obtener lo que me pedía Afrodita, sino con la de ahogarme en él y terminar con este suplicio, cuando una voz me susurró que no mancillase sus aguas con mi muerte. Era el río el

---

96. Apuleyo, *El asno de oro*.

que me hablaba y me dijo cómo podía conseguir esa lana de oro: «Cuando las ovejas duerman recoge la del bosque que queda diseminada por todas partes». Y así lo hice, pero tampoco esto convenció a Afrodita, que no daba crédito a que lo hubiese conseguido sin ayuda.

Su ira iba en aumento y quiso probar con otra tarea. Si las anteriores fueron difíciles, esta ya era completamente imposible. Me mandó subir a lo alto de una empinada montaña donde brota una fuente tenebrosa que alimenta la corriente del río Cocito,[97] me dio una jarrita de cristal tallado y me pidió que la llenase del agua helada que brotaba a la superficie de la tierra. Era una montaña descomunal llena de pendientes, terreno resbaladizo, cuevas excavadas en la roca en las que vivían dragones furiosos… No me quedaba ya ni el consuelo de mis lágrimas. De improviso apareció el águila de Zeus para ayudar a Eros socorriéndome a mí; Zeus no temía la ira de Afrodita. Y así pude llenar la jarrita que me había pedido la diosa. Estaba feliz porque ya tenía que perdonarme: todas las tareas que me había encomendado las había cumplido satisfactoriamente. Pero esto no aplacó su cólera, al revés, cada vez estaba más irritada. Ahora pensaba que tenía que ser una especie de maga o hechicera por ser capaz de cumplir todos los trabajos y evitar los peligros.

Todavía quedaba una tarea, la peor de todas: me mandó directamente al Infierno. Me dio una cajita que debía entregar a Perséfone para que pusiera en ella un poco de crema de la hermosura. Yo no sabía cómo bajar al Tártaro, no conocía el camino, y pensé que lanzándome desde una torre llegaría allí. Cuando estaba en lo alto de la torre y me disponía a saltar, la torre me habló y me dijo: «Si saltas llegarás al Infierno, pero no podrás volver». Me explicó cómo llegar a través de la caverna del Ténaro en Lacedemonia y lo que tenía que hacer para que el viaje al palacio del Orco no impidiese que me quedara allí para siempre. Debía llevar un pastel de harina de cebada amasado con vino y miel en cada mano y dos monedas en la boca. Me advirtió de que me encontraría con un asno cojo cargado de leña y el conductor me pediría ayuda con unas ramas, pero yo debía seguir mi camino sin escucharle. «Llegarás al río de la muerte —me dijo— allí estará Caronte, que él mismo coja una moneda de tu boca y, una vez en la barca, no tengas compasión con los

---

97. Río infernal.

cuerpos que te pedirán que los ayudes a subir. Afrodita es quien te pondrá en el camino todo tipo de obstáculos para que sueltes uno de los pasteles; si ayudas a alguien y pierdes aunque sea uno, no podrás volver a ver la luz del sol. Los pasteles son para el perro guardián de tres cabezas, Cerbero, el perro de Hades».

Seguí todas sus indicaciones y, cuando llegué al umbral del atrio del Hades, le di un pastel a Cerbero y este me dejó pasar.

Perséfone me atendió amablemente y me invitó a un suculento almuerzo, que yo no acepté por recomendación de la torre, pero para que no se ofendiese pedí un trozo de pan negro, lo único que podía comer allí. Le di la cajita, le expliqué el motivo de mi visita y emprendí mi regreso.

Para poder salir de allí, me libré del perro con el otro pastel y pude darle la moneda que me quedaba a Caronte para que me volviese a llevar. Todas estas recomendaciones que cumplí a rajatabla me ayudaron a entrar y salir del Infierno con mi cajita llena.

«Pero entre todas mis recomendaciones —dijo la torre—, la más importante de todas es que no abras la caja bajo ningún concepto, que tu curiosidad no te juegue una mala pasada».

Por fin salí de aquel horrible lugar con la cajita de la hermosura entre mis manos, estaba tan feliz de haberlo logrado... Me paré a descansar del tenso viaje y, mirando la cajita, me dije a mí misma que por una pizquita que cogiese no se iba a notar. ¡Qué inocente fui! Abrí la caja y allí no había nada, solo un sopor infernal, el auténtico sueño del Estigio que hizo que me desplomase al instante.

Eros, que ya no podía estar más tiempo sin mí y cuya herida ya se había curado por completo, recogió el sueño y lo volvió a meter en la cajita. Luego me clavó un poco una de sus flechas y me despertó diciendo: «Mira, desgraciada chiquilla, una vez más has sido víctima de tu curiosidad habitual. Pero no pierdas más tiempo, cumple con diligencia la misión que mi madre te ha encomendado; de todo lo demás me encargaré yo personalmente».[98]

Eros, en vuelo rápido, alcanzó la bóveda celeste y se presentó ante Zeus para pedirle que hiciese legítimo nuestro matrimonio. Zeus acep-

---

98. Apuleyo, *El asno de oro*.

tó y, para aplacar la furia de Afrodita, preparó un gran banquete nupcial donde circulaba el néctar y al que asistieron todos los dioses, las horas, las gracias, las musas…, no faltaba nadie.

Zeus, ofreciéndome una copa de ambrosía, me hizo inmortal al mismo tiempo que pronunciaba estas palabras: «Eros nunca romperá los lazos que a ti te ligan: el matrimonio que os une es indisoluble». El fruto de nuestra unión fue una hija a la que llamamos Voluptuosidad.[99] Y desde entonces somos inseparables, por eso cuando se ama de verdad se hace con toda el alma.[100]

Antonio Canova, *Psique reanimada por el beso del amor*.

Afrodita, Anquises y Eneas

SOY AFRODITA y vuelvo a tomar la palabra para contaros que Zeus inspiró en mí un dulce deseo por el mortal Anquises, quien por su físi-

---

99. Deseo sexual.
100. Psique significa «alma» en griego.

co parecía un dios digno del Olimpo. Le vi en el monte Ida apacentando sus vacas y creí que mi corazón iba a estallar. Volví a Chipre, donde las gracias me lavaron y ungieron con aceites y perfumes, me colocaron un hermoso vestido y adornos de oro por todo el cuerpo. Cuando ya estuve lista volví a Troya, al monte Ida y al establo de Anquises, quien al verme intuyó que era una diosa o una de las gracias o quizá una hermosa ninfa de las que habitaban las fuentes; lo que estaba claro es que mi apariencia no le había parecido la de una simple mortal.

Pero yo me hice pasar por una mortal, hija de Otreo, rey de Frigia, con el cuento de que Hermes me había llevado hasta su morada para que me hiciese su legítima esposa, mientras utilizaba mis poderes de diosa y le infundía en el corazón un dulce deseo. Y, claro, el amor se apoderó de Anquises.

> Si eres mortal y fue mujer la madre que te dio a luz, y tu padre es Otreo de ínclito nombre, según dices, y has venido aquí por la voluntad de Hermes, el nuncio inmortal, en adelante serás llamada esposa mía todos los días; y ninguno de los dioses ni de los mortales hombres me detendrá hasta haberme unido amorosamente contigo, aunque el mismo Apolo, el que hiere de lejos, me tirara luctuosas flechas con su arco de plata. Yo quisiera, oh mujer semejante a una diosa, subir a tu lecho y hundirme luego en la mansión de Hades.[101]

Tras estas palabras, nos deslizamos hacia el lecho y Anquises se acostó con una diosa inmortal sin saberlo. A primera hora de la mañana, le desperté presentándome a él como la diosa que soy, rozando el techo de la cabaña con mi cabeza adornada con una corona dorada. Ante esa imagen se turbó y sintió miedo. «Sabía que eras una diosa y eres la mismísima Afrodita, temo por mi vida y por el rayo del poderoso Zeus por haberme acostado con una diosa».

Calmé su temor diciéndole que no le iba a ocurrir nada malo pues «tendrás un hijo conmigo que reinará sobre los troyanos y de su estirpe nacerán hijos sin parar, su nombre será Eneas, que será criado por las ninfas montaraces hasta que cumpla cinco años, y seré yo misma en

---

101. *Himnos homéricos*, «V: a Afrodita».

persona quien te lo traiga aquí». Le advertí que tendría que decir que era hijo de una ninfa que puebla esta montaña, porque si revelaba que se había unido amorosamente conmigo, Zeus le heriría de muerte con su rayo. «Cuando Troya arda —continué— tu hijo Eneas te sacará a horcajadas de allí acompañado de su hijo Ascano y su esposa Creúsa y llegarán al Lacio, y sus descendientes, Rómulo y Remo, fundarán una nueva ciudad poderosa: Roma. Queda dicho».

HERMES

Canto a Hermes cilenio[102] Argifontes[103] que impera en Cilene y en Arcadia, abundante en ganado, utilísimo nuncio de los inmortales, a quien dio a luz la veneranda Maya, hija de Atalante habiéndose unido amorosamente con Zeus: esta evitaba la sociedad de los bienaventurados dioses, habitando una gruta sombría donde el Cronión[104] acostumbraba a unirse con la ninfa de hermosas trenzas en la oscuridad de la noche, tan pronto como el dulce sueño rendía a Hera, la de níveos brazos; y de esta manera logró pasar inadvertido para los inmortales dioses y para los mortales hombres.[105]

Hermes es hijo de Zeus y la ninfa Maya. Nació al alba y por la noche le robó las vacas a Apolo y cambió la dirección de las huellas para no ser sorprendido. Cuando estaba robando el ganado de Apolo se encontró una tortuga y con su caparazón y unas cuerdas de tripa de oveja inventó la cítara. Llegó Apolo a por sus vacas y, al ver que no estaban, preguntó al hombre que allí seguía y este le contó todo lo que había visto. Apolo dio con la cueva donde vivía el hijo de Zeus y Maya, y dirigiéndose a Hermes le dijo:

---

102. Se le llama así por haber nacido en el monte Cilene.
103. Nombre dado a Hermes tras matar por orden de Zeus a Argos, el gigante de cien ojos que vigilaba a Ío transformada en ternera blanca.
104. Zeus, hijo de Crono.
105. *Himnos homéricos*, «XVIII: a Hermes».

¡Oh niño, que en esa cama estás acostado! Muéstrame enseguida las vacas, o pronto nos separaremos de inconveniente manera. Te cogeré y te arrojaré al Tártaro tenebroso, a la oscuridad siniestra e ineluctable; y ni tu madre ni tu padre podrán librarte y traerte a la luz, sino que andarás errabundo debajo de la tierra e imperarás sobre pocos hombres.[106]

Hermes lo negó todo, le dijo que un niño no podía robar su ganado, que había estado todo el día en la cuna con su madre; Apolo lo sacó de la cuna y lo llevó ante Zeus para explicarle lo que había sucedido. Hermes seguía negando con mucha gracia lo que contaba el Letoída,[107] lo que provocó una carcajada en Zeus por ser tan habilidosamente manipulador. El rey de los dioses ordenó a Hermes que guiase a Apolo para recuperar su ganado. Por el camino, Hermes sacó la cítara que había inventado y comenzó a tocarla y a cantar himnos a los inmortales. Apolo no daba crédito a lo que estaba viendo y escuchando, ni siquiera a que un niño tan pequeño hubiese inventado, sin la ayuda de otro inmortal, ese instrumento tan delicioso. Hermes le regaló la cítara a Apolo y este en agradecimiento le dejó cuidar de sus vacas y le entregó su caduceo. Se amaron como hermanos de padre que eran y también Zeus le entregó a Hermes su gracia y este fue admirado por todos los dioses.

Es el dios protector de los caminantes, de los comerciantes y de los ladrones, además de ser el mensajero de los dioses, sobre todo de Zeus: por orden suya le entrega el pequeño Arcas a Maya para que lo cuide; recupera a Asclepio, que aún no había nacido, del cuerpo de su madre cuando Apolo la hiere con una flecha; confía al pequeño Dioniso a Ino y Atamante; desciende al inframundo para pedirle a Hades que libere a Perséfone; engaña a Hera para que amamante a Heracles y así hacerle inmortal; lleva a Atenea, Afrodita y Hera al monte Ida para ser juzgadas por Paris en un certamen de belleza; visita a Filemón y Baucis con Zeus; guía a Príamo al campamento griego para que hable con Aquiles;[108] recupera los tendones de Zeus cuando Tifón se los arranca; mata a Ar-

---

106. *Himnos homéricos*, «IV: a Hermes».
107. Apolo, hijo de Leto.
108. Homero, *Ilíada*.

Charles-Amédée-Philippe van Loo, *La elevación del Gran Elector al Olimpo* (detalle de Mercurio/Hermes).

gos, el gigante de cien ojos; Zeus le envía a interrogar a Prometeo;[109] vende a Heracles como esclavo a Ónfale...

Protector de héroes, le dio a Odiseo la planta mágica *moly* para enfrentarse a Circe;[110] a Perseo lo ayudó a conseguir la cabeza de Medusa prestándole sus sandalias aladas y la espada curva.

En cuanto a su descendencia, es padre de Pan con la ninfa Dríope y de Hermafrodito con Afrodita.

En el mito de la creación de Pandora, todos los dioses le otorgaron alguna cualidad; Hermes le dio un cínico pensar y una seductora labia.[111]

Otra de sus tareas es la de psicopompo:[112] al llegar al río Aqueronte le entrega la sombra de los difuntos al barquero Caronte.

Sus atributos son un pétaso,[113] a veces también lo representan con un gorro alado, sandalias aladas con las que puede ir de un sitio a otro

---

109. Esquilo, *Prometeo encadenado*.
110. Homero, *Odisea*, Canto X.
111. Carlos García Gual, *Diccionario de mitos*.
112. Personaje que guía a las almas de los recién fallecidos desde la Tierra hasta el Más Allá.
113. Sombrero de ala ancha.

con mucha velocidad y el caduceo o varita de oro mágica con unas alas en la parte superior y unas serpientes enroscadas en su fuste.

Es identificado como Mercurio[114] en Roma.

HEFESTO

> Canta, oh Musa melodiosa, a Hefesto, célebre por su inteligencia, a aquel que justamente con Atenea, la de ojos de lechuza, enseñó aquí en la tierra trabajos espléndidos a los hombres, que antes vivían en las montañas, dentro de cuevas, y ahora, gracias a los trabajos que les enseñó Hefesto, el ilustre artífice, pasan agradablemente el tiempo, durante el año, tranquilos en sus casas.[115]

Hefesto es el dios del fuego y la metalurgia, de los herreros y los artesanos. Un dios civilizador y benefactor de la humanidad. Ya desde su nacimiento se aleja del prototipo de un dios, pues carecía de la belleza propia de los inmortales. Fue engendrado por Hera sin intervención de ningún dios, cuando se sintió despechada por el nacimiento de Atenea directamente de la cabeza de Zeus.[116]

> Sabed por mí, todos los dioses y todas las diosas, que Zeus, que amontona las nubes, ha empezado a menospreciarme, él antes que nadie, después que me hizo su mujer entendida en cosas honestas: ahora, sin contar conmigo, ha dado a luz a Atenea, la de ojos de lechuza, que se distingue entre todos los bienaventurados inmortales; mientras que se ha quedado endeble, entre todos los dioses, este hijo mío, Hefesto, de pies deformes, a quien di a luz yo misma, y cogiéndolo con mis manos,

---

114. Se le dedicó un día de la semana, el miércoles.
115. *Himnos homéricos*, «XX: a Hefesto».
116. Hesíodo, *Teogonía*. Este punto difiere de unas fuentes a otras. Según la tradición hesiódica, Hefesto es solo hijo de Hera sin intervención masculina; sin embargo, en la *Ilíada* Homero dice que es hijo de Zeus, igual que Apolodoro en la *Biblioteca mitológica*. Hay claras contradicciones ya que Hefesto fue quien ayudó a nacer a Atenea golpeando la cabeza de Zeus con un hacha, por lo tanto, no pudo nacer después que Atenea.

lo arrojé y tiré al anchuroso ponto; pero la hija de Nereo, Tetis, la de argénteos pies, lo acogió y cuidó entre sus hermanas.[117]

Ya sea hijo de Hera, o de Zeus y Hera, lo cierto es que Hefesto nació feo y cojo. Hera, nada más verlo, se avergonzó de él y lo arrojó desde el Olimpo en caída libre, pero el niño cayó al mar y lo recogieron Tetis y Eurínome,[118] quienes lo criaron en una gruta submarina donde Hefesto instalaría su primera fragua. El dios herrero tenía un talento increíble y recompensó a estas diosas con joyas espectaculares.

Habían pasado ya nueve años desde el nacimiento cuando Hera se encontró con Tetis, que lucía un precioso broche fabricado por Hefesto, y le preguntó por la procedencia de esa pieza de artesanía tan bella. Tetis se vio obligada a contárselo todo a Hera y así Hefesto pudo volver al Olimpo, donde tuvo una fragua mucho mejor. En compensación por lo que le había hecho a su hijo, la arrepentida Hera arregló su casamiento con Afrodita, la más bella de todas las diosas, aunque esto a Hefesto le ocasionó más dolores de cabeza que otra cosa, debido a las constantes infidelidades de su esposa.

Por su parte, Hefesto quiso vengarse de su madre por haberlo precipitado desde lo alto del Olimpo, así que fabricó en secreto un trono de oro en el que unas cadenas sujetaban a quien se sentase en él, y se lo regaló a su madre. Cuando Hera tomó asiento quedó atrapada sin posibilidad de librarse de sus ataduras, pues solo Hefesto conocía el secreto para liberarla. Los dioses pidieron a Hefesto que volviese al Olimpo para desencadenar a su madre, pero él no respondió a sus súplicas. Entonces los dioses tuvieron que recurrir a Dioniso, que tenía buena relación y confianza con Hermes, para que lo convenciese. El dios herrero era duro, no quería soltar a su madre bajo ningún concepto, pretendía dejarla así para siempre, por lo que Dioniso tuvo que emborracharlo. Hefesto, ebrio, se presentó en el Olimpo montado en un asno y al final liberó a Hera.

A pesar de ser deforme, Hefesto es una divinidad poderosa que combatió en Troya y en la Gigantomaquia.

---

117. *Himnos homéricos*, «III: a Apolo».
118. Hija de la nereida Tetis.

Reina sobre los volcanes, que son sus talleres y allí trabaja con sus ayudantes, los cíclopes. Fabricó armas míticas como el rayo y el cetro de Zeus, el tridente de Posidón, el casco de Hades,[119] el escudo de Aquiles, el cinturón mágico de Afrodita, el collar de Harmonía, las armas de Atenea, las flechas de Ártemis, Apolo y Eros… De ahí que sus principales atributos sean el yunque, el martillo y las tenazas.

Hefesto creó a Pandora en barro y también forjó las fuertes cadenas que ataban a Prometeo al Cáucaso, donde cada día un águila devoraba su hígado.

Peter Paul Rubens, *Vulcano forjando los rayos de Júpiter*.

119. Casco que tenía el poder de hacer invisible a todo aquel que lo llevara puesto.

CAPÍTULO IV

LOS INFIERNOS. HADES, DEMÉTER Y PERSÉFONE

Antes de adentrarnos en el Inframundo, debemos conocer un poco la religión griega. Toda la información que tenemos escrita es de naturaleza literaria; no existe una «Sagrada Escritura», sino que son los poetas quienes componen los cantos para los dioses, que comenzaban siempre con recitaciones de los *Himnos homéricos*.

Debemos tener en cuenta que el Inframundo no es el infierno de los cristianos donde los bienaventurados van al cielo y los condenados al infierno. Con Homero (siglo VIII a. C.) conocemos las primeras referencias al Hades y su topografía. El Hades homérico es muy diferente del Cielo neoplatónico, pero ambos comparten la concepción de que morir supone un viaje al otro lado.[1]

En la *Ilíada*, de Homero, encontramos todo tipo de historias de los dioses y héroes y la manera de concebir a los dioses. Hesíodo reunió los mitos de los dioses en una *Teogonía* y las tragedias clásicas también nos hablan del sufrimiento que padece el individuo siempre a merced de los dioses. Por lo tanto, el documento fundamental para la religión griega es la poesía antigua.[2]

También hay testimonios de la religión griega en los monumentos de arte griego: templos, estatuas y representaciones iconográficas como las artes figurativas.

La poesía, sobre todo de Homero[3] y Hesíodo, aunque viniese por tradición oral, fue la que creó y mantuvo la unidad espiritual de los

---

1. Miguel Herrero de Jáuregui, *Catábasis: El viaje infernal en la Antigüedad*.
2. Walter Burkert, *Religión griega arcaica y clásica*.
3. Los dos grandes poemas épicos: la *Ilíada* y la *Odisea*.

griegos. La *Biblioteca*, de Apolodoro, también aporta datos importantes para conocer sus creencias.

Ya en Roma, Virgilio en su *Eneida* nos habla del Hades con una descripción geográfica muy detallada, que se convierte en el referente en versiones posteriores como el Infierno de Dante en *La Divina Comedia*.

En la religión griega no hay doctrina, sino costumbre. El dios acepta a todos los que quieran adaptarse a la comunidad local y seguir la tradición de mitos y ritos como las ofrendas o las libaciones.[4]

Describir la religión griega sería enumerar un dios tras otro, pues era una religión politeísta; la totalidad de los dioses constituye el mundo divino. La fatalidad venía cuando se desatendía a un dios. La sociedad griega giraba en torno a ellos y las fiestas que se les dedicaban articulaban su vida.

Para los griegos, ya desde época micénica, «hierós» (sagrado) es el concepto decisivo para delimitar la esfera de lo religioso. Sagrado es el sacrificio, el santuario y el altar, los dones votivos, la corona de la fiesta y hasta la guerra. Alguien es «hierós» cuando es consagrado al dios como iniciado en el culto místérico. Los más célebres y conocidos eran los de Eleusis y los de Samotracia, de carácter secreto.

El efecto que los misterios de Samotracia pretenden producir es la salvación de los peligros del mar, el triunfo sobre el mar.[5] Su objetivo reconocido era salvar a las personas de ahogarse en el mar.[6] Con los cabiros y los dioses de Samotracia se añade el secreto a los misterios; el culto a los cabiros se da en Lemnos y Tebas.

Los misterios de Eleusis están relacionados con el culto a las diosas Deméter y Perséfone. Con una duración de nueve días, celebraban el regreso de Perséfone, que era también el regreso de las plantas y la vida a la tierra. Lo que se pretendía con los misterios era eliminar el miedo a la muerte y garantizar un destino mejor en el Más Allá.[7] El miedo a la muerte era un hecho:

---

4. Acto sagrado de verter líquidos a los muertos o a los dioses.
5. La Niké de Samotracia celebra una victoria en el mar. Los argonautas se sometieron en su viaje a la iniciación de Samotracia.
6. Walter Burkert, *Cultos místéricos antiguos*.
7. Walter Burkert, *Religión griega arcaica y clásica*.

Cuando un hombre comienza a darse cuenta de que va a morir, se llena de aprensiones y preocupaciones sobre cosas que antes no se le ocurrían. Las historias que se cuentan sobre el mundo de abajo y cómo los hombres que han hecho mal aquí deben pagar el castigo allí, aunque puede que hasta ahora se haya reído de ellas.[8]

La cosmovisión griega de la muerte a partir del primer milenio a. C. se basó en la existencia de otro mundo de vida ultraterrena. En el momento de la muerte, el alma del difunto, la psique, se separaba de su cuerpo e iniciaba un viaje al Más Allá, donde se transformaba en sombras espectrales con la imagen del muerto, pero sin materia. Y todo esto se producía en los dominios del dios Hades, el soberano del mundo infernal denominado de forma homónima en su honor.

Los misterios dedicados a Deméter, Dioniso u Orfeo dieron lugar a la idea de un Hades más «democrático». Píndaro cuenta en la *Olímpica II* que ya no solo los héroes van a la Isla de los Bienaventurados como apuntaba Homero en un «Hades Aristocrático», sino que también van las almas de los que habían sido justos en vida, dando lugar así a un «Hades Popular» (siglo IV a. C.) hasta la época imperial romana.

Aristófanes, en su comedia *Las ranas*, de 405 a. C., hace una descripción del Inframundo de época clásica que trata sobre el viaje de Dioniso al Hades en busca de Eurípides porque es el mejor escritor, y allí logra acceder a los consejos de Heracles:

HERACLES: ¿Te atreverás a ir, temerario?
DIONISO: No hables una palabra en contra de mi proyecto; indícame solamente el camino más corto para ir al Infierno: un camino que ni sea demasiado caliente, ni demasiado frío.
HERACLES: ¿Cuál camino te indicaré el primero? ¿Cuál? ¡Ah! Este: coges un banquillo y una soga, y te cuelgas.
DIONISO: ¡Otro! Ese es asfixiante.
HERACLES: Hay otro camino muy corto y muy trillado: el del mortero.
DIONISO: ¿Te refieres a la cicuta?

---

8. Platón, *República*.

HERACLES: Precisamente.

DIONISO: Ese es frío y glacial: enseguida se hielan las piernas.

HERACLES: ¿Quieres que te diga uno muy rápido y pendiente?

DIONISO: Sí, sí, por cierto; pues no soy muy andarín.

HERACLES: Vete al Cerámico.

DIONISO: ¿Y después?

HERACLES: Sube a lo alto de la torre...

DIONISO: ¿Para qué?

HERACLES: Ten fijos los ojos en la antorcha, hasta que se dé la señal; y cuando los espectadores te manden que la tires, te arrojas tú mismo.

DIONISO: ¿Adónde?

HERACLES: Abajo.

DIONISO: Y me romperé las dos membranas del cerebro. No me gusta ese camino.

HERACLES: ¿Pues cuál?

DIONISO: Aquel por donde tú fuiste.

HERACLES: Pero es sumamente largo. Lo primero que encontrarás será una laguna inmensa y profundísima.

DIONISO: ¿Cómo la atravesaré?

HERACLES: Un barquero viejo te pasará en un botecillo, mediante el pago de dos óbolos.

DIONISO: ¡Oh, ¡qué poder tienen en todas partes los dos óbolos! ¿Cómo han llegado hasta allí?

HERACLES: Teseo los llevó. Después verás una multitud de serpientes y monstruos horrendos.

DIONISO: No trates de meterme miedo y aterrarme; no me disuadirás.

HERACLES: Luego un vasto cenagal, lleno de inmundicias, y sumergidos en él todos los que faltaron a los deberes de la hospitalidad, los que negaron el salario a su bardaje, y los que maltrataron a su madre, abofetearon a su padre. Más lejos encantará tus oídos el dulce sonido de las flautas; verás bosquecillos de mirtos iluminados por una luz purísima como la de aquí; encontrarás grupos bienaventurados de hombres y mujeres, y escucharás alegres palmoteos.

DIONISO: Y esos, ¿quiénes son?

HERACLES: Los iniciados que te dirán todo cuanto necesites, pues habitan en el mismo camino, junto a la puerta del palacio de Hades. Conque, hermano mío, feliz viaje.[9]

Joachim Patinir, *El paso de la laguna Estigia*.

La catábasis (es decir, el descenso a los Infiernos por parte de los vivos) más corriente era para intentar rescatar a alguien, como Orfeo con Eurídice o Dioniso con Sémele; también puede ser una prueba de heroísmo, como cuando Heracles consiguió llevarse al perro Cerbero por una de las pruebas que le habían sido impuestas. Otro de los motivos es hacer la catábasis para recuperar un objeto, como cuando Psique bajó por orden de Afrodita para que Perséfone le llenase una cajita con crema de la belleza; y por último, también se podía descender para hablar con algún muerto y pedirle consejo, como es el caso de Odiseo con el adivino Tiresias, para saber cómo volver a Ítaca. Pero se corre un riesgo al descender a los infiernos, porque no todos los que bajan consiguen regresar a la luz, como por ejemplo cuando Teseo y Pirítoo

---

9. Aristófanes, *Las ranas*.

fracasan en su intento de raptar a Perséfone y luego Heracles rescata a Teseo pero Pirítoo se queda sin retornar.

La escatología (es decir, el conjunto de creencias sobre la vida en el más allá) se utilizaba para hacer política, y tenemos claros ejemplos de ello en *Las ranas* de Aristófanes, en la *Eneida* de Virgilio y en la *República* de Platón, que tienen un interés político claro.[10]

En el momento en que se habla de los reyes del Inframundo, Hades y Perséfone, ya queda patente que existe una monarquía donde los muertos no pueden decidir su propio destino. Del mismo modo, también se hace alusión a la aristocracia que tendrá un lugar privilegiado en el Hades y seguirá haciendo las mismas actividades que realizaban en el mundo de los vivos, como la caza, los banquetes, etc.

Topografía del Hades

En el Inframundo, donde había lugares idílicos para los virtuosos y otros horribles para los condenados, reinaban Hades y Perséfone.

Al principio estaba el Érebo, un lugar siniestro lleno de tinieblas donde las almas de los muertos conducidas por Hermes se convertían en sombras a las puertas del Hades. Después de haber atravesado el Estigia en la barca de Caronte[11] se llegaba al valle de los Lamentos, y allí se encontraba el palacio de Hades y Perséfone, custodiado por el perro Cerbero, donde los tres jueces del Inframundo —Minos, Radamantis y Éaco— juzgaban y decidían el destino de las almas.[12]

Las personas comunes se quedaban en las Llanuras de los Asfódelos, pero los héroes y aristócratas tenían como destino final los Campos Elíseos, adonde más adelante, con el tiempo, irían todas las personas virtuosas y justas en vida.

---

10. Miguel Herrero de Jáuregui, *Catábasis. El viaje infernal en la Antigüedad*.
11. Era costumbre colocar en la boca del difunto una moneda para pagar el viaje a Caronte. Si el alma no disponía de moneda, se veía obligada a vagar durante cien años por las orillas de la Éstige hasta que el barquero accediera a llevarla gratis.
12. VV. AA., *Imágenes de la tradición clásica y cristiana. Una aproximación desde la iconografía*.

Y por último estaba el Tártaro, la región más profunda, una especie de cárcel rodeada por el Flegetonte,[13] un río de lava y fuego custodiado por las erinias. Allí era donde estaban recluidos los titanes y los grandes condenados para recibir un tormento eterno.

El viaje al Más Allá

El rito del entierro y funeral del difunto era un momento decisivo para hacer el viaje allende. No celebrarlo era perjudicial para el muerto porque suponía que este se convertiría en un alma carente de reposo que podía importunar a los vivos. Se trata de un rito imprescindible para que el fallecido pueda entrar acompañado por los psicopompos a la morada subterránea.

A pesar de ser el dios del Inframundo, Hades no juzgaba a las almas, sino que existían unos jueces que eran: Minos, hijo de Zeus y Europa; Radamantis, hermano de Minos; y Éaco, hijo de Zeus y Egina.

Cuando alguien moría, los psicopompos, o guías del Más Allá, lo acompañaban; eran los mediadores entre el mundo de los vivos y el de los muertos, los conductores de almas. Los primeros, Hipnos y Tánato, velaban por el cumplimiento de las honras fúnebres hasta la tumba. Una vez allí los recogía Hermes, el guardián del alma de los difuntos. Conducía a las almas a la salvación o la condenación hasta el Érebo. Allí se las entregaba a Caronte,[14] un anciano barquero que, previo pago de un óbolo, llevaba a las almas hasta la puerta del Hades atravesando la laguna Estigia y pasando por el valle de los Lamentos.

Entonces las almas eran juzgadas por los jueces del Inframundo, quienes decidían si su destino era las Llanuras de los Asfódelos, donde vivían las almas comunes; los Campos Elíseos, para los héroes y aristócratas; o la región más profunda, el Tártaro, para los condenados.

También existían los monstruos del Más Allá, como las moiras, que eran las tejedoras del destino: Cloto creaba la vida a través de un hilo

---

13. También llamado Piriflegetonte, río ardiente.
14. La primera alusión literaria a este personaje procede de la *Miníada*, un poema épico datado a comienzos del siglo v a. C., desconocido en la épica y lírica arcaicas.

de su rueca; Láquesis medía con su vara la longitud del hilo y Átropo cortaba el hilo de la vida. Cerbero, el perro guardián de las puertas del Hades y las erinias, que nacieron de la sangre de Urano y su función era torturar a los condenados, especialmente si cometieron crímenes familiares. Sus nombres son Alecto, Meguera y Tisífone.

El matrimonio infernal: Hades y Perséfone

Kylix de figuras rojas con Perséfone y Hades, atribuido al Pintor de Codros.

A Deméter de hermosa cabellera, diosa venerable, comienzo a cantar, a ella y a su hija de gráciles tobillos, a la que Aidoneo[15] raptó. Se lo concedió Zeus de grave tronar, que ve en la distancia, cuando, apartada de Deméter, la de dorada espada, ufana de sus frutos, jugaba con las muchachas de Océano, de pronunciado regazo, recogiendo flores en el mullido prado: rosas, azafrán, violetas hermosas, iris, jacinto y narciso, que como engaño para la muchacha de rostro sonrosado creó la Tierra por voluntad de Zeus, para agradar al huésped de muchos[16] en una flor de brillo prodigioso, que a todos admiró ver entonces, a los inmortales dioses y a los mortales hombres [...].

Ella, asombrada, se estiró para, con ambas manos, tomar el hermoso juguete: mas se abrió la tierra de amplios caminos en la llanura de Nisa,

15. Epíteto de Hades, rey de los muertos. Hades, Zeus y Deméter son hermanos hijos de Crono y Rea; Perséfone es hija de Zeus y Deméter; Hades es su tío.
16. Otro epíteto de Hades.

por donde surgió el soberano huésped de muchos con sus caballos inmortales, el hijo de Crono rico en nombres.[17]

En la isla Trinacria,[18] vive Tifón apresado en el Etna; a veces quiere salir de allí y, enfurecido, hace temblar la tierra al tiempo que escupe fuego por la boca. Hades, temeroso de que abriese una grieta en la tierra y la luz penetrara en su reino, salió conduciendo su carro de caballos negros inmortales para asegurarse del estado de sus cimientos; la diosa Afrodita estaba con su hijo Eros cuando lo vio y, mirando a Eros, le dijo:

Tú que eres mi arma, mi mano y mi poder, hijo mío, toma las flechas con las que a todos derrotas y dispara tus veloces dardos al pecho del dios del Inframundo. ¿Por qué no puede llegar el amor al Tártaro? Palas[19] y la arquera Ártemis se mantienen apartadas de mí, igual que la hija de Deméter, Perséfone. ¡Haz que se unan la diosa y su tío![20]

Gian Lorenzo Bernini, *El rapto de Proserpina*.

17. *Himnos homéricos*, «II: a Deméter».
18. Sicilia.
19. Atenea.
20. Ovidio, *Metamorfosis*, Libro Quinto.

MI NOMBRE ES DEMÉTER, DIVINIDAD DE LA TIERRA CULTIVADA Y DEL TRIGO. Mi hermano Hades raptó entre lamentos a mi preciosa hija Perséfone con el beneplácito de su padre, el Crónida.[21] Ella gritaba e imploraba la ayuda de su progenitor, pero ninguno de los mortales hombres oyó su voz, ni siquiera su padre, solo la hija de Perses, Hécate, la de brillante velo, la oyó desde su cueva, y el Sol soberano lo vio todo.

Cuando me dijeron que mi hija había desaparecido, un dolor agudo se apoderó de mi corazón y comencé a buscarla por tierra y mar. Todavía no sabía que su propio tío la había raptado y se la había llevado al Inframundo. Fui preguntando a todas las criaturas con las que me cruzaba, pero nadie sabía nada, y a mi dolor se unió la desesperación. Durante nueve días y nueve noches anduve con antorchas prendidas buscando a mi hija. Al décimo día, Hécate salió a mi encuentro y me contó que ella escuchó los gritos y lamentos de la muchacha, pero no había visto quién se la había llevado, así que me propuso que preguntásemos al Sol que todo lo ve.

> Sol, tenme tú respeto, pues soy una diosa, si es que alguna vez de palabra u obra conforté tu corazón y tu ánimo. Una voz sonora de la niña a la que parí, dulce flor de gloriosa figura, me llegó por el límpido éter, como si la forzaran, mas no la vi con mis ojos. Pero tú de cierto sobre toda la tierra y el mar desde el éter divino diriges la mirada de tus rayos: dime sin error si es que viste, quién a mi hija tomándola lejos de mí, mal de su grado, con violencia, se la llevó, sea de los dioses o de los mortales hombres.[22]

No podía dar crédito a la respuesta del Sol: Zeus, su propio padre, le había concedido permiso a Hades para que se llevase a mi hija a la oscuridad y la hiciese su esposa. No me cabía más ira en el pecho. Irritada y afligida en mi corazón con este suceso, me aparté del Olimpo y me fui a las ciudades de los hombres con el aspecto de una anciana. Llegué a Eleusis, rica en incienso, y me paré a descansar del camino en el pozo Partenio. Se acercaron las hijas de Céleo[23] a sacar agua de la

---

21. Zeus, hijo de Crono.
22. *Himnos homéricos*, «II: a Deméter».
23. Rey de Eleusis.

fuente y al verme se interesaron por mí. Yo les conté que unos piratas me raptaron para venderme como esclava, pero pude escapar de ellos y llegar a esta tierra que no conocía; les pedí que me ayudasen a encontrar una casa que quisiera acogerme para hacer las labores o criar algún hijo. Las muchachas me ofrecieron llevarme al palacio de sus padres, Céleo y Metanira, para criar a su hijo predilecto y tardío, por el que tanto habían rezado para tenerlo. Yo asentí con la cabeza y allí nos dirigimos. Su madre, Metanira, estaba sentada en el pórtico sosteniendo a su hijo en brazos; al entrar, un resplandor divino impregnó la estancia y a Metanira la invadieron el respeto y el miedo al sentirlo. Cogí al niño, cuyo nombre era Demofonte, en mi fragante seno inmortal de madre y lo crie en el palacio igual que a una divinidad, sin comer alimento ni mamar, pues yo le ungía cada noche de ambrosía. Cada noche, y a escondidas de sus padres, quemaba su parte mortal con el vigor del fuego. Demofonte cada vez parecía más una divinidad que un mortal.

Una noche, Metanira me sorprendió en medio del ritual; ella pensaba que lo estaba abrasando y comenzó a gritar; yo solté al niño sin terminar el rito y lo dejé en el suelo mientras le explicaba a la necia de su madre que yo era Deméter y que, por su culpa, en vez de obtener la gloria sin fin que yo le otorgaba, iba a encontrar la muerte y que nada podía hacerse ya para salvarlo.

Les pedí que erigiesen un templo y un altar dedicado a mi divinidad y que lo construyese todo el pueblo sobre el promontorio de la colina, donde iniciaría los misterios de Eleusis.

Yo seguía añorando a mi hija mientras me consumía de dolor, y como no me ocupaba de mis tareas, la tierra no daba simiente, con lo que provoqué un terrible año de hambruna para los hombres.

Habría terminado con la raza humana si Zeus no hubiese tomado una determinación. Mandó a Iris, mensajera de los dioses, que viniese a buscarme a Eleusis y, cuando me encontró en mi templo con un oscuro peplo, dijo: «Deméter, te llama el padre Zeus, cuyo saber es eterno, para que vayas junto a las estirpes de los dioses inmortales. Mas ven, no dejes sin cumplimiento estas palabras mías que de Zeus provienen».[24]

---

24. *Himnos homéricos*, «II: a Deméter».

Pero no la escuché, ni a ella ni a todos los dioses que enviados por Zeus fueron viniendo a decirme que subiese al Olimpo, que el Crónida quería hablar conmigo. A todos les respondía lo mismo: «No subiré al perfumado Olimpo ni brotarán frutos de la tierra hasta que vea a mi hija con mis propios ojos».

Zeus, entonces, encargó a Hermes una doble misión: que bajase al Érebo[25] a convencer a Hades para que devolviera a Perséfone a la luz del sol; y que me pidiera a mí que no escondiera las simientes ni aniquilara a la raza humana, pues al fin y al cabo son quienes nos hacen los sacrificios.

Hades pareció comprensivo ante lo que le transmitió el Argifonte[26] y, dirigiéndose a la bella Perséfone, le dijo que podía reunirse con su madre. Mi hija saltó por la dicha y se alegró en el alma, sin sospechar que el terrible Hades tenía un plan...

Perséfone se desplazó hasta mi templo en el carro de negros caballos inmortales del dios de los infiernos. Cuando nos encontramos madre e hija, nos fundimos en un fuerte abrazo entre sollozos de alegría. Sin embargo, un mal augurio invadió mi pensamiento; todo estaba siendo demasiado fácil. Entonces le pregunté a mi hija si estando abajo había comido algún alimento porque, de ser así, ya no podría quedarse todo el tiempo en el mundo de los vivos. Perséfone me contó que, antes de que se marchara a la luz del sol, Hades la había obligado a tragarse un grano de granada. Sin duda, ese era su maléfico plan para que no pudiese quedarse conmigo.[27] Por haber comido ese grano de granada antes de partir, Perséfone debía dividir el año en tres partes:[28] una parte la pasaría en el Inframundo[29] y el resto del año conmigo y los inmortales.

A Triptólemo[30] le proporcioné grano para sembrar, un arado y un carro tirado por serpientes para que enseñase a la humanidad el arte de la agricultura.

---

25. Mundo de los muertos.
26. Hermes (matador de Argos).
27. Aquel que tome algún alimento entre los muertos ya no podrá volver por completo al mundo de los vivos. *Himnos homéricos*, «II: a Deméter».
28. Una de cada tres estaciones en que los griegos dividían el año.
29. Tiempo de muerte aparente de la naturaleza. Cuando se reúne con su madre, la naturaleza florece y cobra vida.
30. Hijo de Céleo y Metanira, y hermano de Demofonte, del que Deméter fue nodriza.

Y cuando mi hija y yo nos reunimos, de la tierra crecen plantas aromáticas que se llenan de vivas flores para dar el paso a la primavera.

Frederic Leighton, *El regreso de Perséfone*.

Los grandes castigados

Para los griegos, los dioses eran quienes regían sus vidas y estaban sometidos a su voluntad. Sabían que si desafiaban a los dioses irían a parar al Tártaro sin dilación alguna.

De entre las crueles condenas impuestas por los dioses, Homero nos habla de los castigos a Ticio, Tántalo y Sísifo; más adelante Virgilio nombrará también a Ixión y las danaides.

Ticio

YO, HERA, ESPOSA DE ZEUS, sentía celos de la diosa Leto por haber dado a luz a dos hijos de mi esposo, Ártemis y Apolo. Para vengarme tanto de Leto como de mi propio marido, utilicé a Ticio, fruto de otra de las infidelidades de Zeus...

Ticio era un gigante hijo de Zeus y Elara. Por temor a mis celos, Zeus escondió a su amante bajo tierra cuando esta se quedó embarazada. Y así, de las entrañas de la tierra, nació el gigante Ticio.

Para escarmentar tanto a mi esposo como a Leto, inspiré en Ticio un enorme deseo sexual por Leto y lo envié contra ella, para que la deshonrase. Pero los hijos de Leto frustraron mis planes: eran muy hábiles con el arco y mataron al gigante a flechazos. En castigo por su intento de violación de Leto, Zeus envió a Ticio a los Infiernos, donde dos buitres devoran su hígado cada vez que este renace con las fases de la luna.

> Vi también a Ticio echado en el suelo, donde ocupaba nueve yugadas. Dos buitres, uno de cada lado, le roían el hígado, penetrando con el pico en sus entrañas, sin que pudiera rechazarlos con las manos; porque intentó forzar a Leto, la gloriosa consorte de Zeus, que se encaminaba a Pito por entre la amena Panopeo.[31]

Tiziano, *Ticio*.

---

31. Homero, *Odisea*, Canto XI: Descenso a los Infiernos.

Tántalo

Engañar a los dioses trae consecuencias. Lo sabe bien Tántalo, otro de los que recibió un castigo ejemplar por parte de mi esposo Zeus, tras cometer un crimen atroz. ¿Quieres saber qué hizo Tántalo para enfadar tanto a los dioses?

Tántalo era el padre de Pélope, héroe que conquistó y dio nombre a la península del Peloponeso y fue víctima de un cruel crimen perpetrado por su propio progenitor.

En realidad, Tántalo era muy querido por los dioses, pues se contaba que era otro de los hijos de Zeus, y por ello asistía a sus banquetes. Un día decidió invitar él a los dioses y, como no tenía mucho que ofrecernos, mató a su hijo Pélope, lo descuartizó, lo cocinó y nos lo ofreció a las divinidades. Los dioses de inmediato nos dimos cuenta de lo que estaba pasando y no probamos la carne que Tántalo nos ofrecía, excepto Deméter, que se comió un hombro. Los inmortales, enfadados, reconstituyeron el cuerpo de Pélope y le devolvieron la vida; el hombro que le faltaba se lo fabricó Hefesto de marfil. Posidón lo hizo su amante y le enseñó a conducir su carro. Pero finalmente Pélope fue expulsado del Olimpo y obligado a volver a la Tierra, ya que Tántalo se servía de él para robar el néctar y la ambrosía de los dioses y dárselo después a los hombres, con quienes alardeaba de conocer a los dioses y les contaba sus secretos. Zeus, harto de este comportamiento, envió a Tántalo a los Infiernos y le impuso un suplicio ejemplar: pasar hambre y sed eternamente. Sumergido en agua hasta el cuello, esta se retiraba cuando Tántalo intentaba a beberla, y sobre él colgaban ramas repletas de frutos que se apartaban y se ponían fuera de su alcance cuando intentaba comerlos. Además, de su cabeza pendía una enorme roca y Tántalo temía que se desplomase sobre él.[32]

> Vi asimismo a Tántalo, el cual padecía crueles tormentos, de pie en un lago cuya agua le llegaba a la barba. Tenía sed y no conseguía tomar el agua y beber: cuantas veces se bajaba el anciano con la intención de beber, otras tantas desaparecía el agua absorbida por la tierra, la cual se

---

32. Higinio, *Fábulas mitológicas*, Fábula 82

mostraba negruzca en torno a sus pies y un dios la secaba. Encima de él colgaban las frutas de altos árboles —perales, manzanos, higueras y verdes olivos—; y cuando el viejo levantaba los brazos para cogerlas, el viento se las llevaba a las sombrías nubes.[33]

Anónimo (imitación de José de Ribera), *Tántalo*.

Sísifo

Quien también recibió un escarmiento por parte de mi esposo Zeus fue Sísifo, hijo de Eolo, fundador de Corinto y el más astuto de los mortales.

Su pecado fue contarle al dios río Asopo quién había raptado a su hija Egina, a cambio de que este hiciese brotar una fuente en la ciudadela de Corinto. Asopo consintió y Sísifo le dijo que había sido el mismísimo Zeus, que lo había visto con sus propios ojos cuando pasaba por Corinto con ella. Como recompensa por la información, Asopo

---

33. Homero, *Odisea*, Canto XI: Descenso a los Infiernos.

hizo brotar la fuente Pirene. Pero, obviamente, mi esposo no estaba tan contento con el resultado de ese trato. Zeus, irritado, envió a Tánato, el genio de la muerte, para que lo matase, pero Sísifo fue más rápido que él y lo encadenó, por lo que durante mucho tiempo nadie moría en la Tierra. Zeus tuvo que intervenir porque, con Tánato fuera de juego, se estaba desestabilizando el orden natural, así que obligó a Sísifo a liberar a Tánato de sus cadenas. Evidentemente, Zeus envió a Sísifo a los infiernos, pero la astucia de este no tenía fin: antes de morir había pedido a su mujer que no le tributase los honores fúnebres. Sin embargo, cuando llegó al Hades, Sísifo se quejó de la impiedad de su esposa[34] por no haberle realizado un entierro digno y pidió permiso para volver a la Tierra a castigarla y después regresar al Inframundo. Le concedieron el permiso, pero, una vez en la Tierra, Sísifo no volvió hasta que fue viejo, y por ello lo condenaron al Tártaro, donde debía empujar una roca hasta la cima de una montaña escarpada; pero, apenas la roca había llegado a la cumbre, caía de nuevo por la pendiente, por lo que tenía que volver a empujarla, y así durante toda la eternidad.

Tiziano, *Sísifo*.

34. La mujer de Sísifo era Mérope, una de las pléyades, siete hermanas hijas de Atlas y Pléyone. Todas ellas se casaron con dioses excepto Mérope, que lo hizo con un mortal. A causa del comportamiento de Sísifo, es la estrella menos brillante de todas las pléyades.

Ixión

Ixión, el rey de los lápitas, también recibió un castigo fulminante del rey de los dioses cuando osó propasarse conmigo, Hera, la esposa de Zeus.

Ixión se había casado con Día, hija del rey Deyoneo, a quien le prometió una gran dote si le dejaba casarse con ella, cosa que no cumplió. Su suegro le reclamó los regalos que le había prometido, pero Ixión lo tiró a un foso lleno de brasas ardientes. Había cometido un doble sacrilegio: perjurio y asesinato, pero mi esposo se apiadó de él y lo purificó. Sin embargo, Ixión fue tremendamente desagradecido con Zeus, ya que, dejándose llevar por la lascivia, ¡intentó violentarme a mí, la mujer del mismísimo Zeus! Cuando Zeus se enteró, formó una nube a mi imagen y semejanza, e Ixión, sin percatarse del engaño, se unió a ella y engendraron un hijo, llamado Centauro. Pero ahí no acaba la cosa. Por su ingratitud e insolencia, Zeus lo castigó a girar sin cesar, para toda la eternidad, atado por serpientes a una rueda de fuego fabricada por Hefesto.

Jules-Élie Delaunay, *Ixión arrojado al Hades*.

Las danaides

SOMOS LAS DANAIDES, CINCUENTA HERMANAS HIJAS DE DÁNAO. Nuestro padre era el rey de Libia, pero tuvo que huir de su reino hacia Argos para evitar la confrontación con su hermano gemelo, Egipto.

Nuestro tío Egipto envió a sus cincuenta hijos a Argos en son de paz y pidió para ellos la mano de las cincuenta hijas de Dánao. Nuestro padre accedió y se celebró la multitudinaria boda, pero, rencoroso, nos entregó una daga a cada una de sus hijas para que, en la noche de bodas, matásemos a nuestros esposos. Hicimos caso a nuestro padre y todos los hijos de Egipto fueron decapitados, excepto el esposo de nuestra hermana mayor, Hipermestra, ya que Linceo la había respetado. Ante tal desobediencia, nuestro padre la encarceló. Por orden de Zeus, el resto de las hermanas fuimos purificadas de nuestro asesinato por Hermes y Atenea, ya que lo habíamos hecho obedeciendo a nuestro padre.

Finalmente, nuestro padre casó a Hipermestra con Linceo y quiso casarnos también al resto de sus hijas, pero, como no teníamos pretendientes, organizó unos juegos cuyo gran premio éramos nosotras. Consiguió casarnos a todas y con nuestros maridos engendramos la raza de los dánaos. Pero Linceo los mató a todos para vengar así a sus hermanos. Cuando fuimos falleciendo, a pesar de que Zeus nos había perdonado en vida por mostrar obediencia a nuestro padre, los jueces del

John William Waterhouse, *Las danaides*.

Inframundo decidieron castigarnos por nuestro crimen y nos condenaron a llenar de agua eternamente una tinaja utilizada para el baño nupcial. Pero la tinaja tenía un agujero y resultaba imposible llenarla por más agua que echáramos. Y aquí seguimos, intentando llenar la tinaja...

Tragedias catábicas

El gran viaje poético al Hades es sin duda el de Orfeo, que bajó al Inframundo para rescatar a su mujer, Eurídice. Será ella quien os cuente su historia.

Orfeo y Eurídice

Mi nombre es Eurídice y soy una dríade, una ninfa encargada de la protección de los árboles. Hoy vengo a contaros mi historia y la catábasis de mi querido Orfeo.

Me casé con mi amado Orfeo, pero los auspicios de Himeneo,[35] dios que preside el cortejo nupcial, se cumplieron, ya que Himeneo acudió a nuestro enlace, pero sin alegría en el rostro. La antorcha que portaba desprendía un humo negro y espeso en lugar de la llama del amor, y por más que Himeneo la agitaba, no se encendía.

A los pocos días de la boda, iba paseando por un prado acompañada de mis amigas las náyades cuando una serpiente me mordió en el talón y encontré la muerte. Orfeo, roto de dolor, se atrevió a descender hasta el Estigio a través de la puerta del Ténaro, un promontorio en Laconia donde estaba una de las entradas al Infierno. Se presentó ante los dioses del Inframundo, Hades y Perséfone, mientras acompañaba su súplica con el tañido de las cuerdas de su lira, cantando así: «¡Por estos lugares donde reina el miedo, por esta oscuridad interminable, por los silencios de este vasto reino, yo os suplico que volváis a tejer los

---

35. Según la tradición, Himeneo, el dios que preside las bodas, acudía con una antorcha encendida tras ser invocado con el «Canto de Himeneo» para que el matrimonio no estuviese abocado al fracaso por la causa que fuese.

hilos del precipitado destino de Eurídice!».[36] Además, añadió: «Si los hados me niegan esta petición, desde luego, yo no querré regresar y me quedaré aquí, en la oscuridad, junto a ella».

Sus palabras hicieron llorar a las almas exangües, Tántalo se olvidó del hambre que pasaba, las danaides dejaron de llenar los toneles sin fondo, la rueda de Ixión se detuvo y hasta la piedra de Sísifo quedó en equilibrio. Con el poder de su arte, mi pobre esposo había conseguido ablandar los corazones de Hades y Perséfone. Los soberanos, sintiendo el profundo amor que nos profesábamos, decidieron devolverme a la luz. Pero con una condición: yo iría detrás de Orfeo y este no debía volver la vista atrás hasta que saliésemos completamente del Averno, o de lo contrario no volvería a ver la luz del sol.

Peter Paul Rubens, *Orfeo y Eurídice*.

El tenebroso camino de vuelta se me hizo eterno, temiendo que Orfeo se volviese para mirarme. Ya no quedaba lejos el margen de la

---

36. Ovidio, *Metamorfosis*, Libro Décimo.

superficie de la Tierra. Orfeo salió y, ansioso por verme, volvió hacia atrás la mirada llena de amor, pero yo aún no había abandonado del todo el Averno. Caí fulminada al suelo tendiendo mis brazos para aferrarme a los de Orfeo. Inmediatamente, una fuerza irresistible me arrastró otra vez a los Infiernos y morí por segunda vez. Orfeo se quedó paralizado, suplicó volver a cruzar, pero Caronte no se lo permitió. Durante siete días permaneció sentado en la orilla con el dolor y las lágrimas como único alimento, implorando al barquero en vano.

Transcurridos tres años, las mujeres tracias quisieron casarse con él, pero Orfeo las rechazaba a todas. Celosas de su fidelidad a mi memoria, lo mataron, lo despedazaron y arrojaron los trozos al mar.[37] La cabeza y la lira llegaron a Lesbos, la tierra de la poesía lírica por excelencia, y sus habitantes le tributaron honores fúnebres.

La lira[38] de Orfeo fue convertida en constelación y su alma pasó a los Campos Elíseos, donde sigue cantando para los bienaventurados.

John William Waterhouse, *Ninfas encuentran la cabeza de Orfeo*.

37. Hay otra versión de Esquilo que dice que Orfeo dejó de honrar a Dioniso y empezó a venerar a Helios, al que también llamaba Apolo, y Dioniso, irritado, envió a las basárides (mujeres desenfrenadas como las bacantes) a que lo despedazaran y desperdigaran sus miembros.

38. Eratóstenes, *Mitología del firmamento*, Catasterismo 24: La Lira. La lira de Orfeo fue un regalo de Apolo, inventado por Hermes con el caparazón de una tortuga. Al principio tenía siete cuerdas en recuerdo de las hijas de Atlas, las pléyades, pero Orfeo le añadió dos cuerdas más para que fueran nueve en honor a las musas, mejorando así su sonido.

CAPÍTULO V

JASÓN Y LOS ARGONAUTAS

La aventura de los argonautas es uno de los grandes ciclos legendarios de la mitología griega y en ella participan un número importante de héroes griegos como Orfeo, Atalanta, Cástor y Pólux, Heracles (aunque abandonará en el camino), Hilas, Peleo (padre de Aquiles), Acasto (hijo de Pelias, se unió desobedeciendo a su padre), el adivino Idmón…, hasta un total de cincuenta y seis.

MI NOMBRE ES MEDEA Y SOY UNA MAGA MUY PODEROSA. Soy hija de Eetes, rey de la Cólquide. Despechada por todo lo que sucedió, os voy a contar mi historia.

Eurípides me inmortalizó en una de sus obras, Apolonio de Rodas cuenta el viaje en las *Argonáuticas*, pero, sin mí, Jasón nunca hubiese conseguido el ansiado vellocino de oro.

Jasón era el heredero legítimo del trono de Yolco (Tesalia). Esón, padre de Jasón, fue destronado por su hermano Pelias, hijo de Poseidón. Un oráculo advirtió a Pelias que «se guardase del hombre de una sola sandalia», que fue como Jasón se presentó para asistir al banquete que este ofrecía en honor a su padre Poseidón y a los demás dioses. Para librarse de Jasón, Pelias le encomendó una prueba imposible de realizar: traer el vellocino de oro desde el país de Ea.

Jasón reunió a un gran número de héroes para embarcar en la Argo, nave que ayudó a construir Atenea. Bajo la protección de Hera, emprendieron un largo viaje hacia la Cólquide repleto de múltiples aventuras, no sin antes ofrecer un sacrificio a Apolo.

Para quien no lo sepa, un vellocino es el conjunto de lana que se le quita a una oveja o a un carnero al esquilarlo. Pero ¿qué tenía de especial este carnero? Os cuento su origen: Atamante, rey de Beocia, tenía dos hijos de su primera esposa, Frixo y Hele. Su segunda esposa, Ino, urdió un plan para matar a sus hijastros, pero estos se salvaron gracias a Zeus huyendo a lomos de un carnero mágico de oro que los llevó por los aires. Hele cayó al mar en el estrecho que tomó su nombre, Helesponto, en el actual estrecho de los Dardanelos, en Turquía; y Frixo llegó a la Cólquide, donde sacrificó el carnero en honor a Zeus y entregó su vellón de oro al rey Eetes.

Volviendo a los argonautas, cuando ya estaba todo preparado para emprender el viaje, Pelias se acercó a todos los tripulantes de la nave y les dijo:

> Todo cuanto conviene al equipamiento de una nave está en orden y dispuesto para la partida. Así que no podemos demorar mucho tiempo la navegación, tan pronto como soplen los vientos. Pero, amigos, puesto que común será en el futuro el regreso a la Hélade y comunes son para nosotros los caminos hacia la tierra de Eetes, por ello elegid ahora sin recelo al mejor de entre vosotros como jefe, que vele por cada cosa, por decidir las disputas y los pactos con los extranjeros.[1]

Todos los héroes eligieron a Heracles como jefe de la Argo, pero él lo rechazó diciendo que el jefe debía ser el mismo que los había reunido: Jasón.

Emprendieron la marcha y la primera parada fue en la rocosa Lemnos, en la que el año anterior todas las mujeres habían abatido sin piedad a los hombres, debido a que Afrodita había castigado a las lemnias con un hedor desagradable por privarla de sus honores, lo que hizo que los hombres tomasen cautivas a las mujeres tracias en sus saqueos a la costa de enfrente y las hiciesen sus concubinas. Las mujeres de Lemnos aniquilaron a sus esposos y las tracias dejaron la isla sin un solo hombre por temor a que les hicieran pagar ese cruel asesinato en masa. Solo Hipsípila, hija del rey Toante, metió a su padre en un cofre y lo lanzó al mar con la esperanza de salvarlo, y lo consiguió.

1. Apolonio de Rodas, *Argonáuticas*.

Las lemnias se dedicaban más a las tareas propias de los hombres que a las labores de Atenea[2] y temían que viniesen los tracios a por ellas; por eso cuando vieron a la Argo acercarse a remo a la isla, pensaron que eran los tracios y todas se vistieron de guerreras. De la nave mandaron a un mensajero para hablar con Hipsípila, que ocupaba el trono de su padre, y solicitar que los acogiesen esa noche, a lo que ella accedió.

Por la noche, las mujeres se reunieron en asamblea y pensaron que era buena idea invitar a los hombres a sus casas para poder tener descendencia y repoblar la isla. Una mensajera hizo llamar a Jasón al palacio de Hipsípila, donde esta le comentó su plan, pero le ocultó el verdadero motivo por el que en Lemnos no había ni un solo hombre. Y así los tripulantes de la Argo durmieron con ellas, incluso Jasón yació con la reina, excepto Heracles y unos cuantos, que prefirieron no mezclarse con las extranjeras.

Pasaba el tiempo y no zarpaban, hasta que Heracles, molesto, les recordó el motivo del viaje y los convenció para partir rumbo al país de Ea para conseguir el vellocino de oro. Muchas lemnias quedaron embarazadas de los héroes; Hipsípila también tuvo un hijo, Euneo, que fue rey de Lemnos en tiempos de la guerra de Troya.

Los argonautas atravesaron el mar Negro y alcanzaron el extremo del Quersoneso y durante la noche cruzaron todo el Helesponto hasta que llegaron a la isla de Cícico, en el país de los doliones, cuyo rey se llamaba como la isla. En esa isla vivían también los violentos terrígenos, gigantes de seis brazos, (les salían dos de los hombros y cuatro del costado), pero por temor a Posidón no dañaban a los doliones por ser sus descendientes. Los recibieron hospitalariamente y fueron invitados a un banquete. Partieron por la noche, pero como los vientos no eran favorables, decidieron volver a la isla. Entonces fueron confundidos por piratas pelasgos y se entabló una batalla campal donde Jasón atravesó al rey Cícico con su lanza. Al amanecer todos se dieron cuenta del error y se lamentaron de lo ocurrido; dieron sepultura al rey y a su hijo Eneo, celebraron unos juegos en su honor e hicieron una estatua tallada en una cepa de vid a Cibeles;[3] además construyeron un altar con un

---

2. Tejer.
3. Diosa de la naturaleza y de la fertilidad, identificada con Rea.

montón de guijarros para calmar la violenta tempestad que se levantó tras este acontecimiento y que los tenía allí retenidos.

La diosa, al ver las santas ofrendas, hizo que cesaran los vientos y entonces los hombres pudieron abandonar la isla para llegar más tarde a otra, esta vez a Samotracia, en la que por consejo de Orfeo se iniciaron en sus misterios.[4] Después siguieron rumbo a la Cólquide.

En la costa de Misía, donde también los recibieron con honores y regalos, Heracles fue a buscar un árbol apropiado para fabricar un remo que se le había partido por el encrespado oleaje. Entretanto, Hilas, amigo íntimo de Heracles, fue a buscar agua potable a un manantial de hermosa corriente donde vivían unas ninfas. Cipris[5] hizo que el corazón de una de ellas se estremeciera al ver la belleza de Hilas cuando sumergió el cántaro en el manantial. La ninfa emergió de las aguas para besarlo y lo hundió en medio del remolino. Hilas gritó antes de sumergirse y Polifemo[6] Ilátida, que lo había oído, acudió al lugar de donde provenía el grito, pero no halló nada, ni rastro de Hilas. Por el camino se encontró con Heracles y le contó lo sucedido; estuvieron buscando su rastro toda la noche, pero, con todo el dolor del corazón del fuerte Heracles, no lo encontraron.

Los argonautas zarparon sin Heracles ni Polifemo, pues su destino no era participar en la conquista del vellocino. Tras una disputa entre varios tripulantes de la Argo y Jasón acerca de si debían dar la vuelta para recogerlos a pesar de la tempestad, Glauco[7] surgió del mar y les dijo que no debían regresar a por sus compañeros porque Heracles tenía que volver para cumplir con sus doce trabajos y Polifemo fundaría una ilustre ciudad en la desembocadura de Cío. También les contó que Hilas había sido succionado por una ninfa y esta lo había hecho su esposo.

Después de pasar por el país de los bébrices, la Argo llegó al país de Fineo, un adivino ciego hijo de Posidón, sobre el que pesaba una mal-

---

4. Los misterios de Samotracia: su objetivo reconocido era salvar a las personas de ahogarse en el mar. Walter Burkert, *Cultos mistéricos antiguos*.

5. Afrodita.

6. No confundir con el cíclope Polifemo.

7. Mortal que se convirtió en dios marino tras tomar unas hierbas y sirve al dios Nereo como intérprete de sus profecías.

dición de los dioses: cada vez que iba a comer, aparecían las harpías,[8] se precipitaban sobre su mesa para llevarse parte de ella y ensuciaban el resto con sus excrementos. Como era adivino, los argonautas le preguntaron sobre el resultado de su expedición, pero él no quiso responder hasta que estos le librasen de las harpías. Dos de ellos, Calais y Zetes, que eran los hijos del dios viento Bóreas, comenzaron a perseguirlas y, cuando ya agotadas estaban a punto de morir, se les presentó Iris, la mensajera de los dioses, impidiendo que las matasen, pues eran servidoras de Zeus, con estas palabras: «No es lícito, hijos de Bóreas, atacar con vuestras espadas a las harpías, perras del gran Zeus. Yo misma os prestaré juramento de que nunca más irán a acercársele».[9] Las harpías, a cambio de perdonarles la vida, prometieron no volver a molestar a Fineo y se ocultaron en una cueva de Creta.

El adivino entonces les advirtió de un peligro que les acecharía de camino: las Rocas Cianeas, unos escollos flotantes que chocaban unos contra otros formando un gran remolino en el mar. Les aconsejó que antes de pasar por el estrecho rocoso lanzasen primero una paloma como augurio: si esta perecía debían abandonar el viaje pues era voluntad de los dioses que no cruzasen, y si la paloma cruzaba podían seguirla sin riesgo. Después les dio más indicaciones sobre los caminos que debían escoger.

Los argonautas reanudaron su camino, soltaron la paloma como les había dicho Fineo y consiguieron pasar las Simplégades.[10] Desde entonces las Rocas Cianeas permanecieron inmóviles en honor a que ningún barco había conseguido franquearlas.[11]

La siguiente parada fue el país de los mariandinos, donde el rey Lico los acogió favorablemente. En el transcurso de una cacería, murió el adivino Idmón atacado por un jabalí; después costearon el Cáucaso y por fin llegaron a la Cólquide, el final de su viaje.

---

8. Genios alados, se las representa en forma de aves con cabeza de mujer y afiladas garras.
9. Apolonio de Rodas, *Argonáuticas*.
10. Las Simplégades, también llamadas Rocas Azules o Cianeas, eran unas rocas que entrechocaban cuando algún barco pasaba entre ellas y lo aplastaban. Jasón y los argonautas fueron los primeros en atravesarlas gracias al consejo que les dio Fineo.
11. Pierre Grimal, *Diccionario de mitología griega y romana*.

Una vez allí, las diosas Atenea y Hera deliberaron sobre cómo ayudar a Jasón, pues el rey Eetes, mi padre, no iba a darle el vellocino sin más. Se les ocurrió que la única que podía ayudarle era yo si me enamoraba de Jasón.

Las diosas fueron a hablar con Afrodita para que le pidiese a Eros ese favor, ella aceptó y fue a buscar a su hijo a los valles del Olimpo donde solía estar en el florido vergel. Y allí lo encontró jugando con Ganímedes[12] con tabas doradas. Afrodita convenció a Eros de que me lanzara una flecha a cambio de una pelota que había sido juguete de Zeus. Eros me disparó con una flecha muy afilada directa a mi corazón y una llama ardió en mi pecho cuando vi a Jasón presentarse ante mi padre. Los héroes desembarcaron y Jasón se presentó al rey Eetes, al que contó el encargo de Pelias: obtener el vellocino de oro.

Mi padre, el rey, accedió a cambio de que superara unas pruebas: uncir dos toros de aliento de fuego, sembrar un campo con dientes de dragón y matar a los guerreros que nacerán de esa simiente. Casi nada.

De no ser por mí, Jasón no lo habría conseguido; como me enamoré de él nada más verle, le ayudé con mis artes ocultas a cambio de que me hiciese su esposa. Le di una pócima que hacía invulnerable al hierro y al fuego a quien se impregnase con ella y le dije que debía untársela en el cuerpo y el escudo. Le revelé que los dientes de dragón que debía plantar harían brotar un ejército de hombres armados que tratarían de matarlo y, para salir airoso, debía lanzar una piedra en el centro del grupo y, así, los hombres morirían víctimas de sus propios golpes culpándose mutuamente de haber lanzado la piedra.

Guie a Jasón hacia el lugar donde se encontraba el vellocino y con mi magia dormí al dragón encargado de su custodia. Jasón cogió el vellón y nos dimos a la fuga. Cuando mi padre descubrió que Jasón había huido con el vellocino y conmigo, se lanzó a perseguir el barco. ¿Qué podía hacer yo para frenar la persecución de mi padre? Maté a mi hermano Apsirto, lo descuarticé y fui soltando sus pedazos en el mar para demorar a nuestros perseguidores.

---

12. Joven troyano del que Zeus se encaprichó y raptó metamorfoseado en un águila. Luego lo convirtió en el copero de los dioses en el Olimpo.

Finalmente llegamos a Yolco para entregar el vellocino a Pelias, quien no esperaba que Jasón lo consiguiese y se negó a recompensarlo. ¡Qué osado fue! Yo se lo haría pagar. Engañé a las bobas de sus hijas con mis artes y les dije: «¿Queréis que vuestro padre sea siempre joven? Pues cocedlo en un caldero con estas hierbas». Y así lo hicieron, ¡qué estúpidas! ¿Creéis que fui cruel? Pues eso no es nada en comparación con lo que está por venir.

Jasón y yo ya teníamos dos hijos cuando huimos a Corinto. Yo le había ayudado en toda esta aventura y ahora él pretendía la mano de la hija del rey, Creúsa, para ocupar el trono. ¿Se puede ser más desagradecido? Jasón se iba a casar con Creúsa y pretendían desterrarme a mí y a nuestros hijos. Pero ¿qué clase de traición era esta después de todo lo que había hecho por él? El odio y la ira que sentí atravesaron mis entrañas. Esto no se podía quedar así. Tenía que vengarme de esta afrenta.

Conseguí engañar a Jasón para que se quedase con nuestros hijos, yo me iría y le dejaría rehacer su vida, pero antes haría un obsequio de boda a la novia. Y Jasón accedió, el pobre idiota. El regalo, que le entregarían mis hijos, era una corona y un vestido dignos de una reina, pero conjuré un hechizo, lo siento, tenía que vengarme. En el momento en que la novia se pusiese la corona y el vestido envenenados ardería junto a quien intentase quitárselo. La novia aceptó los regalos y, al ponérselos, de la corona de oro salieron llamas sobrenaturales y el vestido comenzó a arder firmemente adherido a ella. Su padre fue el único que se atrevió a socorrerla y ambos murieron, la hija y su anciano padre, el uno junto al otro.

Pero la venganza no terminaba aquí, para rematar el sufrimiento que ya padecía Jasón por la pérdida de Creúsa, asesiné a nuestros propios hijos; no los iba a abandonar a los ultrajes de los que me odiaban.

> No hay más remedio; que mueran, y ya que es preciso, yo que les di la vida, yo se la quitaré. Resuelto está y se cumplirá. Ya conozco en toda su extensión la horrible maldad que voy a cometer, pero la ira es mi más poderosa consejera, causa entre los hombres de las mayores desventuras.[13]

---

13. Eurípides, *Medea*, Tragedias I.

Cuando le contaron a Jasón que sus hijos habían muerto a manos de su madre, me maldijo: «¡Oh, rabia! Mujer odiosa, la mujer más detestada por los dioses, ¡de mí y de toda la especie humana que has osado hundir el puñal en el corazón de tus propios hijos! ¡Maldita, ojalá mueras!».[14] Hui con los cadáveres de mis hijos en un carro tirado por dragones serpiente que me entregó mi abuelo, el Sol, y llegué a Atenas, donde el rey Egeo me dio cobijo como me había prometido. «Jasón, te he herido el corazón como merecías».

Y como Jasón había roto la promesa que había hecho ante los dioses, de serme fiel y amarme para siempre, perdió el favor de Hera. Años después murió en completa soledad aplastado por un fragmento desprendido de los restos desgastados de la Argo, una muerte nada épica.

Eugène Delacroix, *Medea furiosa*.

14. Eurípides, *Medea,* Tragedias I.

CAPÍTULO VI

LA ARGÓLIDA. PERSEO

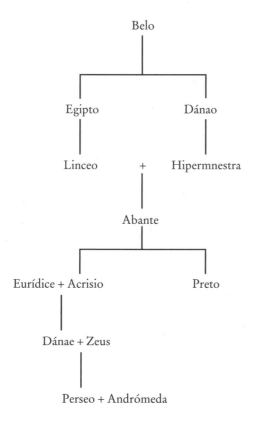

Como ya vimos en el capítulo IV, las danaides fueron castigadas a llenar un tonel sin fondo para toda la eternidad por matar a sus maridos la noche de bodas, excepto Hipermnestra, que no asesinó a su esposo Linceo.

De su unión nació Abante, y este tuvo dos hijos gemelos: Acrisio y Preto, que se convirtieron en enemigos y partieron la Argólide tras un conflicto que no terminaba. Tuvieron que firmar la paz: Acrisio se quedó con Argos y Preto fundó Tirinto.

Acrisio se casó con Eurídice,[1] hija del rey Lacedemón y Esparta, y solo tuvieron una hija: Dánae. Acrisio, que quería tener más hijos, sobre todo varones, fue a consultar al oráculo de Delfos y escuchó estas palabras: «Jamás engendrarás un varón, pero tu hija dará a luz a un hijo que te matará».

MI NOMBRE ES DÁNAE, VIVO ENCERRADA EN UNA TORRE

con mi nodriza desde que un oráculo le dijo a mi padre que un hijo mío lo mataría. Mi padre me tiene aquí recluida para que no pueda mantener relaciones con ningún hombre y que así no se cumpla el oráculo.

Zeus, que todo lo ve, se quedó prendado de mi belleza. Para unirse a mí, se coló por el tejado en forma de lluvia de oro y me dejó embarazada. Mi hijo se llamaría Perseo. Tuve al niño en secreto con la complicidad de mi nodriza, pero un día, jugando en la torre, hizo ruido y mi padre lo oyó. Le dije que mi hijo era de Zeus, que yo no había salido de la torre, pero no me creyó. Entró en pánico, nos encerró en una caja y nos arrojó al mar.

Después de no sé cuánto tiempo llegamos a través del mar Egeo a la isla de Sérifos, donde fuimos acogidos por Dictis, el hermano del rey Polidectes. Era un hombre noble y bueno que crio y educó a Perseo conmigo y nos trató como si fuésemos de su propia familia. Todo iba como la seda hasta que un día me vio el rey, su hermano Polidectes, y se enamoró de mí. Él no era como su hermano Dictis, quería estar conmigo como fuese, pero mientras estuviese mi hijo Perseo no lo iba a permitir, así que urdió un plan para deshacerse de él. Organizó una fiesta en la que todos los asistentes debían llevar un regalo como dote a una supuesta boda que iba a contraer. Mi hijo le preguntó inocentemente qué quería que le regalase, y el rey le dijo: «Tráeme la cabeza cortada de la gorgona».

---

1. No confundir con la ninfa esposa de Orfeo.

Artemisia Gentileschi, *Dánae*.

Polidectes sabía que esa misión era tan peligrosa como imposible de conseguir, ya que petrificaba a todo el que la mirase. Pensaba que con esa tarea se libraría de mi hijo para siempre y yo sería suya. Perseo fue en busca de Medusa ayudado por Atenea, que le dio un escudo de espejo, para que pudiera verla a través de él y no lo convirtiera en piedra; las ninfas le dieron el casco de Hades, que proporcionaba invisibilidad, las sandalias aladas, la espada de Hermes[2] y una bolsa[3] para guardar la cabeza.

Medusa es una de las tres hermanas gorgonas, hijas de dos divinidades marinas, Forcis y Ceto. Solo Medusa era mortal y fue violada por Posidón en el templo de Atenea. Víctima de ese sacrilegio, Atenea castigó a la gorgona convirtiéndola en un monstruo: donde hubo una her-

---

2. La harpē es una espada con forma de hoz.
3. *Kibisis*.

mosa cabellera ahora había un nido de serpientes. La pobre Medusa fue castigada sin tener culpa alguna.

Perseo dio muerte a la gorgona mientras dormía y de la sangre derramada de Medusa nacieron dos seres vástagos de Posidón: Crisaor, un gigante, y Pegaso, el caballo alado. Mi hijo Perseo salió de allí a toda velocidad, a pesar de llevar el casco de Hades, que le hacía invisible.

A la vuelta, Perseo se topó con el amor de su vida: Andrómeda. Estaba encadenada a una roca como ofrenda a un monstruo marino, ya que su madre, Casiopea, ofendió a las nereidas diciendo que ella y su hija eran más bellas. Perseo habló con los padres de Andrómeda, que eran Cefeo, rey de Etiopía, y Casiopea, y les prometió matar al monstruo si se la ofrecían en matrimonio. Los padres de Andrómeda accedieron y Perseo, que no se lo pensó dos veces, mató al monstruo y la liberó. Mientras se encargaba de matar al monstruo, dejó en la orilla la cabeza de Medusa que, como mantenía el poder de petrificar aun muerta, convirtió las algas que había en la arena en piedras rojas. Esas piedras son los corales, algas petrificadas con la sangre de Medusa.

Perseo pidió la mano de Andrómeda a sus padres, aunque ya le habían dicho que sí, pero había un problema: Andrómeda estaba ya comprometida con su tío, el príncipe Fineo. Durante el banquete de boda se desató una batalla campal entre Perseo y los partidarios de Fineo en el salón del palacio de Cefeo, el padre de Andrómeda. Perseo sacó la cabeza de Medusa y los petrificó a todos.

Había pasado un año ya y Perseo volvió a Sérifos con su esposa y la cabeza de Medusa para entregársela al rey Polidectes. Cuando llegó, la pareja se fue directa a palacio y Perseo anunció que traía la cabeza de Medusa. Todos los allí presentes se burlaron de él, negando que hubiese dado muerte a la gorgona. Perseo estiró el brazo con el que sostenía la bolsa que le dieron las ninfas, metió la otra mano sin dejar de mirar al rey y agarrando a Medusa por las serpientes la sacó de la bolsa. Todos se quedaron convertidos en estatuas de piedra. Yo ya estaba a salvo del malvado rey.

Muerto Polidectes, subió al trono Dictis, que había demostrado no ser un tirano como su hermano y me había protegido de las manos de

Polidectes todo el tiempo que Perseo estuvo fuera, recluyéndome en los altares, asilo inviolable. Perseo le entregó la cabeza de Medusa a la divina Atenea, que la colocó en el centro de su égida.

Mi hijo decidió que volviésemos a Argos, nuestra patria, ya que quería ver a su abuelo Acrisio, mi padre, que al enterarse de lo sucedido y temiendo que se cumpliese el oráculo que le dijo que moriría a manos de su nieto, huyó al país de los pelasgos.

Andrómeda y yo nos quedamos en Argos y Perseo se fue a Tesalia a ver a su abuelo para tranquilizarle, pues no tenía ninguna intención de matarle. Allí, el rey de Larisa, Teutámides, organizó unos juegos fúnebres en honor a su padre; Perseo se presentó para jugar en ellos y demostrar su habilidad en el lanzamiento de disco. Acrisio asistió también, pero como espectador. Cuando Perseo se dispuso a lanzar el disco, se le escapó a la grada y tal y como había vaticinado el oráculo, fue a parar al pie de Acrisio, haciéndole una herida que le ocasionó la muerte. Perseo, que en ningún momento esperaba este desenlace, le tributó honras fúnebres con todo el dolor de su corazón.

Ahora mi hijo Perseo se encontraba en la tesitura de reclamar el trono que le pertenecía por derecho, de aquel al que acababa de matar por accidente y, avergonzado, le pidió a su primo Megapentes, hijo de Preto, que era el rey de Tirinto, que se intercambiasen los reinos y construyó las fortificaciones de Micenas.

Perseo y Andrómeda tuvieron cinco hijos y fueron felices. Cuando murieron, Atenea los situó entre las estrellas en el hemisferio norte, en la galaxia de Andrómeda, junto a los padres de esta.

Descendiente de Perseo será Heracles, uno de los héroes más importantes de la mitología griega.

Benvenuto Cellini, *Perseo con la cabeza de Medusa*.

CAPÍTULO VII

HERACLES

Cantaré a Heracles, hijo de Zeus, a quien Alcmena parió el más valiente de los terrenales hombres en Tebas, de hermosos coros, después de haberse juntado con Zeus, el de las sombrías nubes. Heracles ejecutó en otro tiempo muchas cosas extraordinarias, acciones eminentes, vagando por la tierra inmensa y por el mar, según se lo ordenaba el rey Euristeo; mas ahora habita alegre una linda morada del nevoso Olimpo y posee a Hebe, la de hermosos tobillos.[1]

Parte de la historia de Heracles os la contaré **YO, HERA, REINA DE LOS DIOSES**, porque mi relación con él desde antes de nacer ya es notoria, además de que odio profundamente a todos los hijos de Zeus que no son míos.

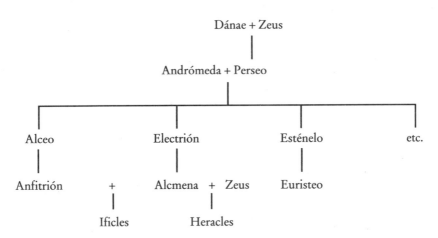

---

1. *Himnos homéricos*, «XV: a Heracles corazón de león».

Heracles pertenece al linaje de los perseidas, descendientes de Perseo, y aunque nació en Tebas por estar Anfitrión y Alcmena desterrados allí, es argivo considerando siempre al Peloponeso como su verdadera patria.[2]

Alcmena pidió a Anfitrión que vengase a sus hermanos del asesinato cometido por los telebeos y hasta que no lo hiciese no iba a ocupar su lecho. Aprovechando esta circunstancia, el astuto de Zeus llegó transformado en Anfitrión y le dijo que ya los había matado a todos por la memoria de sus hermanos. Alcmena se alegró de sus palabras y Zeus prolongó su encuentro amoroso haciendo que cada noche durase tres veces más de lo normal. Pasado este tiempo, llegó su verdadero marido para contarle su triunfo. Imaginad la cara de Alcmena. Anfitrión, al no verla nada entusiasmada, le preguntó por su comportamiento y ella le dijo que ya se lo había contado hacía apenas unos días, pero esto no impidió que hiciesen el amor esa noche. Anfitrión no entendía nada, así que acudió al adivino Tiresias, quien le contó el engaño de Zeus y que su mujer estaba embarazada de gemelos, uno hijo de Zeus, Heracles, y el otro suyo, Ificles.

La pretensión del astuto de mi marido Zeus era tener un hijo poderoso, un gran héroe bienhechor de la raza humana y de los dioses, y que fuese el rey de Argos. Pero yo eso no lo iba a permitir bajo ningún concepto.

Zeus, delante de todos los dioses, dijo que el rey de Micenas sería el perseida[3] que naciese el primero,[4] pensando que Heracles nacería antes; pero, con ayuda de mi hija Ilitía,[5] que detuvo los dolores del parto de Alcmena e hizo que Euristeo, primo hermano de Alcmena y ambos nietos de Perseo, naciese antes de tiempo, los planes de Zeus fracasaron. Después de Euristeo nacieron los gemelos Heracles (hijo de Alcmena y Zeus) e Ificles (hijo de Alcmena y Anfitrión). Envié dos serpientes para matar al niño Heracles y las coloqué en la cuna donde estaba también su hermano. Ificles se puso a llorar, pero Heracles, lejos de asustarse, las agarró por el cuello y las estranguló, y a partir de entonces

2. Diodoro de Sicilia, *Biblioteca histórica*, Libro IV.
3. Descendientes de Perseo.
4. Se refería a Heracles y Euristeo.
5. Hija de Zeus y Hera, diosa de los partos.

el niño, que originalmente se llamaba Alceo, pasó a llamarse Heracles, que significa «famoso por Hera».

Heracles niño matando a las serpientes, Museo Capitolino, Roma, II d.C.

Heracles fue educado como todos los niños griegos, en música, en cultura y en el manejo de las armas, que era lo que más disfrutaba.

Zeus quería que su hijo Heracles fuese inmortal, y una de las maneras era que mamase leche de mi pecho. Estaba claro que yo me iba a oponer, así que un día, mientras dormía (ya no sé si fue mi marido o Hermes, porque no me dio tiempo a verlo), me colocaron al niño en el pecho y este succionó con tanta ansia que me desperté. Al verlo y reconocerlo, di un manotazo y lo aparté; un reguero de leche salió despedido de mi pecho formando un camino de estrellas que llevan al Olimpo. Ese camino de leche es la Vía Láctea.

Peter Paul Rubens, *Nacimiento de la Vía Láctea*.

Pasaron los años y, siendo efebo,[6] pero muy fuerte, realizó su primera hazaña: matar al león de Citerón, una fiera enorme que atacaba los rebaños de Anfitrión y del rey Tespio sin que ningún cazador pudiese darle muerte. Heracles se ofreció voluntario para terminar con esa bestia y se fue como huésped a casa del rey Tespio, que reinaba en un país vecino de Tebas. Allí pasaba todo el día cazando y solo iba al palacio a dormir por las noches.

Cincuenta días le costó a Heracles matar al león, el mismo número que hijas tenían los reyes. Tespio admiraba a Heracles y deseaba tener nietos de su descendencia, por lo que cada noche introducía a una de sus hijas en su habitación. Heracles, que estaba tan cansado y en medio de la oscuridad, no se dio cuenta de que cada vez era una hija diferente y no la misma mujer como pensaba él. Las dejó embarazadas a todas y nacieron cincuenta hijos que fueron llamados los tespíades.

---

6. Un joven de dieciocho a veinte años.

Terminado el trabajo, cerca de Tebas se encontró con unos emisarios de Ergino, rey de los minias de Orcómeno, en Beocia, enviados para recoger el tributo que se cobraba a los tebanos.[7] Heracles les cortó la nariz y las orejas a todos y se las colgó al cuello. Les dijo que le llevasen su tributo al rey Ergino quien, indignado por este ultraje, se levantó en armas contra Tebas.

Heracles llamó a todos los jóvenes tebanos para luchar por su país y se puso al frente de la tropa con una armadura que le dio Atenea. Tebas obtuvo la victoria gracias a Heracles, pero su padre putativo, Anfitrión, murió y el mismo Heracles mató al rey Ergino. El rey de Tebas, Creonte, en agradecimiento por haberlos librado del castigo, le dio a Heracles la mano de su hija mayor, Mégara, y a su hermano Ificles la de su hija menor.

Heracles y Mégara tuvieron muchos hijos. Todo le estaba saliendo demasiado bien, por lo que yo le odiaba profundamente, así que le envié a Locura, que hizo que arrojase a todos sus hijos y a los dos de su hermano al fuego; no mató a Yolao,[8] el mayor de su hermano con otra mujer, ni a Mégara, porque Ificles los pudo salvar. Cuando Heracles recobró la cordura y vio todo lo que había hecho en contra de su voluntad quiso quitarse la vida, pero su amigo Teseo se lo impidió. Heracles se sentía perdido, había cometido un crimen involuntario porque yo lo volví loco. Decidió ir a visitar el oráculo de Delfos, que le dijo que se pusiera al servicio de su primo Euristeo, rey de Micenas, durante doce años y que realizase todas las tareas que este le iba a encomendar. De esa manera conseguiría expiar los asesinatos que había cometido contra su familia y obtendría la inmortalidad.

Euristeo detestaba a Heracles tanto como yo, así que todos los trabajos que le impuso fueron ideados con mala intención, para que no lograse realizarlos.

Y yo os los voy a contar.

---

7. Durante una fiesta celebrada en honor a Posidón por el rey Clímeno (padre de Ergino), un tebano llamado Perieres mató al rey y Ergino reunió un ejército contra Tebas. Llegaron a un acuerdo con el rey de Tebas de que cada año durante veinte pagarían un tributo de cien bueyes.

8. Yolao, sobrino de Heracles, fue el compañero fiel de su tío en los trabajos y durante toda su vida.

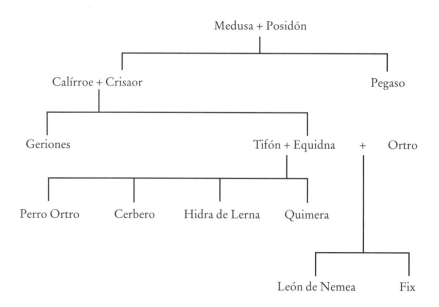

LOS DOCE TRABAJOS DE HERACLES

1. El león de Nemea

El león de Nemea era una fiera descomunal que asolaba el país devorando todo el ganado y a los habitantes que se encontraban con él.

Heracles empezó a dispararle las flechas que le había regalado Apolo, pero se dio cuenta de que su piel era infranqueable. El león vivía en una guarida que tenía dos accesos. Heracles lo fue persiguiendo hasta que consiguió meterlo en la cueva; una vez allí, bloqueó una de las entradas y, con sus propias manos, lo estranguló apretándole el cuello con fuerza. Con la piel del león se hizo una capa y su cabeza le sirvió de casco.

Cuando llegó a Micenas con el león para entregárselo a Euristeo, este se asustó tanto al verlo que le prohibió la entrada en la ciudad y le advirtió que en adelante dejase sus triunfos en las puertas .

Heracles instauró los Juegos Nemeos en honor a Zeus y este, por su parte, catasterizó al león en la constelación de Leo.[9]

---

9. Eratóstenes, *Mitología del firmamento*, Catasterismo 12.

2. La hidra de Lerna

En el segundo trabajo, Heracles debía dar muerte a la hidra de Lerna, un monstruo que vivía en los pantanos y de cuyo cuerpo salían cien cuellos, cada uno de ellos terminado en una cabeza de serpiente. Heracles empezó a cortar cabezas, pero vio con asombro que de cada cabeza que cortaba brotaban dos. A Heracles lo acompañaba su leal sobrino Yolao. Entre los dos tuvieron la gran idea de cauterizar el cuello de la serpiente nada más cortar la cabeza, para que no naciesen dos cabezas nuevas. Y así, con la ayuda de su sobrino, que fue cauterizando las heridas provocadas por cada corte que le infligía Heracles a la hidra, consiguieron terminar con su vida.

La sangre de la hidra era venenosa, lo que Heracles aprovechó para impregnar la punta de sus flechas con este veneno para que un simple rasguño con una de ellas fuese letal.

Yo, Hera, la reina de los dioses, observando la hazaña que Heracles estaba a punto de superar, mandé un cangrejo gigante para que le picase en el pie, pero logró aplastarlo. Me apiadé del pobre cangrejo y lo convertí en la constelación de Cáncer.[10]

3. El jabalí de Erimanto

El tercer trabajo consistía en capturar vivo al jabalí de Erimanto, un monte de Arcadia. La dificultad consistía precisamente en capturarlo vivo. Heracles consiguió hacerle salir de su guarida mediante gritos y lo persiguió hasta apresarlo en una red. Se puso al animal sobre los hombros y se fue a Micenas para entregárselo al rey. Al verlo, Euristeo sintió tanto miedo que se escondió en un tonel de bronce.

De camino a Erimanto en busca del jabalí, Heracles se vio involucrado en una lucha contra los centauros.[11] Había dos de ellos que no eran salvajes sino benévolos: Folo y Quirón. El primero era amigo de

---

10. Eratóstenes, *Mitología del firmamento*, Catasterismo 11.
11. Seres monstruosos con el torso de hombre y el cuerpo de caballo, tienen dos brazos y cuatro patas (en época clásica) y son de naturaleza salvaje.

Heracles, que decidió ir a visitarlo. Folo lo recibió con gran hospitalidad y le ofreció carne asada (aunque Heracles comía la carne cruda). Heracles le pidió vino, pero Folo solo tenía una jarra que era propiedad de los centauros salvajes y no podía ofrecérselo por temor a que lo descubriesen. Al final Heracles lo convenció y Folo le sirvió vino. Atraídos por el buen aroma del vino, los centauros se presentaron allí armados hasta los dientes, y Heracles tuvo que enfrentarse a ellos con sus flechas envenenadas con la sangre de la hidra de Lerna. Les dio muerte a todos, y el pobre Folo también murió accidentalmente cuando, al sacar una flecha del cuerpo de uno de los centauros para darle sepultura, se pinchó con la punta y el veneno acabó entrando en su cuerpo. Heracles le ofreció a su amigo Folo un magnífico funeral.

4. La cierva de Cerinia

La cierva de Cerinia estaba consagrada a Ártemis y, aunque era hembra, tenía una poderosa cornamenta de oro. Se le pidió a Heracles que la capturase viva. Este era un trabajo que requería gran astucia, pues por un lado no podía herir a un animal sagrado, y por otro tenía que capturarla viva. Unos dicen que la cazó tendiéndole unas redes, otros que lo hizo mientras dormía, y los hay que dicen que la persiguió tanto tiempo que la agotó dejándola sin tregua.[12]

5. Las aves de Estínfalo

Las numerosas aves de Estínfalo vivían en el lago que se encontraba junto a la ciudad y arruinaban las cosechas. Enseñadas por Ares, podían disparar sus plumas a modo de flecha. Había tantas que era imposible que Heracles pudiera alcanzarlas a todas con sus flechas, por lo que se trataba de otro trabajo donde había que utilizar más la inteligencia que la fuerza. Heracles hizo unos crótalos[13] de bronce con los que espantó a todas las

---

12. Diodoro de Sicilia, *Biblioteca histórica*, Libro IV.
13. Castañuelas.

aves haciendo unos ruidos tremendos, y así pudo limpiar el lago de las molestas aves.

6. Los establos de Augías

Esta vez Heracles tenía que limpiar los establos de Augías[14] sin ayuda de nadie en un solo día. Se presentó ante el rey de la Élide, Augías, y, sin decirle nada de Euristeo, se ofreció a limpiarle los establos, los cuales no se habían limpiado durante mucho tiempo y estaban llenos de estiércol, a cambio de una décima parte de su ganado. Augías aceptó porque pensaba que era imposible limpiar todo eso en un día, pero no contaba con la astucia de Heracles, que desvió los cursos de los ríos Alfeo y Peneo para que la corriente limpiase los establos. Augías se negó a pagarle al enterarse de que era un trabajo impuesto por Euristeo, y este no le contabilizó el trabajo por haberlo hecho mediante un contrato, así que no le sirvió para nada.

7. El toro de Creta

Este toro fue enviado por Posidón en respuesta a las plegarias del rey Minos, quien después debería sacrificarlo en su honor, pero como no cumplió su promesa y no lo sacrificó, Posidón lo castigó haciendo que su mujer Pasífae se enamorase del animal. Heracles tenía que llevarlo vivo al palacio de Euristeo. Pidió ayuda a Minos, que se la negó, pero sí lo autorizó a capturar al toro. Heracles se lo llevó al Peloponeso transportándolo en un barco.[15]

Después de terminar este trabajo con éxito, Heracles instituyó los Juegos Olímpicos, dedicados a Zeus, en la llanura del río Alfeo.[16] El premio sería una corona del olivo sagrado consagrado al rey de los dioses. Heracles, benefactor de la humanidad, salió ganador en todas las pruebas porque nadie se atrevía a competir contra él por su extraor-

---

14. Hijo de Helios (el Sol).
15. Diodoro de Sicilia, *Biblioteca histórica*, Libro IV.
16. El Alfeo es el río más importante del Peloponeso, desemboca en el mar Jonio.

dinaria fuerza y valor. Los dioses le entregaron numerosos regalos en reconocimiento a su valor en sus hazañas y sus triunfos en los Juegos. Atenea le regaló un peplo y Hefesto una clava[17] y una coraza. Posidón le regaló unos caballos, Hermes una espada, Apolo un arco y le enseñó a no fallar el tiro, y Deméter instituyó los Misterios Menores[18] como purificación por haber matado a los centauros.[19]

8. Las yeguas de Diomedes

El siguiente trabajo impuesto a Heracles fue capturar las yeguas salvajes de Diomedes,[20] que se alimentaban de carne humana y a causa de su ferocidad estaban atadas con cadenas de hierro. Heracles les dio de comer junto a su propio amo y, ya saciadas, pudo domarlas. Después las ató a un carro y se las llevó a Micenas para entregárselas a Euristeo, que las soltó y acabaron devoradas por las fieras.

9. El cinturón de Hipólita

En este nuevo trabajo, Heracles tenía que conseguir el cinturón de Hipólita, la reina de las amazonas.[21] Estas vivían cerca del río Termodonte y eran un pueblo destacado en la guerra, a la que se dedicaban. Cuando tenían hijos, criaban solo a las niñas y les comprimían el pecho derecho para que no les molestara cuando lanzasen la jabalina; el otro lo dejaban para amamantar.[22]

El ansiado cinturón de Hipólita había sido un regalo de Ares y suponía el símbolo de su soberanía, pero Admete, la hija de Euristeo, deseaba tenerlo.

---

17. Atributo de Heracles junto con la piel de león.
18. Los Mayores serían los de Eleusis.
19. Diodoro de Sicilia, *Biblioteca histórica*, Libro IV.
20. Hijo de Ares, rey de los bistones de Tracia, un pueblo muy belicoso.
21. Las amazonas eran un pueblo de mujeres que descendía de Ares, el dios de la guerra, y representaban la transgresión de la norma griega de la mujer apartada.
22. Apolodoro, *Biblioteca mitológica*. Libro II.

Heracles se hizo a la mar con un grupo de voluntarios y, cuando llegaron al puerto, Hipólita se acercó al barco para conocer el motivo de su visita; Heracles se lo contó y ella le dijo que le daría el cinturón.

¿Tan fácil? No, yo no podía permitir que este trabajo terminase así, por lo que dejé de ser la reina de los dioses[23] y me presenté allí bajo la apariencia de una amazona. Fui gritando entre ellas que los extranjeros habían raptado a nuestra reina. Entonces todas cabalgaron armadas hacia la nave y se enfrentaron a los numerosos hombres que acompañaban a Heracles, se produjo una encarecida y sangrienta lucha y Heracles dio muerte a muchas de las guerreras más distinguidas. Apresó a Melanipe, que era la que tenía el mando del ejército de amazonas, y no la mató a cambio del cinturón de la reina. Así se hizo y Heracles puso rumbo a Micenas a entregar el cinturón de la amazona.

10. Las vacas de Gerión

El décimo trabajo consistía en traer de Eritía las vacas de Gerión, hijo de Crisaor que poseía unas vacas rojas. El vaquero de estas reses era Euritión, que tenía como ayudante al feroz perro Ortro, dotado de dos cabezas e hijo de Tifón y Equidna.

En el viaje en busca de las vacas de Gerión a través de Europa, Heracles entró en Libia y, una vez en Tartessos, erigió dos columnas enfrentadas en los límites de Europa y de Libia como testimonio de su viaje.[24] Durante el trayecto por el desierto de Libia, Heracles estaba siendo abrasado por Helios, así que miró al cielo y tensó su arco para dispararle una flecha al sol. Este le pidió que no lo hiciese y Heracles cedió a cambio de que le dejase la «copa del sol» para poder atravesar con ella el océano. Helios accedió y Heracles cruzó el océano hasta el Occidente extremo.

Cuando llegó a Eritía, el perro Ortro lo vio y fue a atacarle, pero Heracles lo mató de un golpe seco con su maza; Euritión acudió en auxilio de su perro y obtuvo el mismo final. Menetes, un pastor que

---

23. Hera.
24. El estrecho de Gibraltar. Las Columnas de Hércules.

apacentaba allí las vacas de Hades, lo vio todo y fue a contárselo a Gerión, quien acudió y vio a Heracles subiendo a las vacas en la copa del sol. Pero Heracles le disparó con sus flechas y también lo mató.

Durante el viaje de vuelta tuvo que enfrentarse con numerosos bandidos que pretendían robarle las vacas, pero todos ellos encontraron la muerte.

Estaba siendo demasiado sencillo para Heracles, así que tuve que intervenir una vez más: mandé unos tábanos que volvieron furiosos a los animales y se dispersaron por todas las montañas de Tracia. Heracles pudo recuperar una parte, pero no todas y, como durante la persecución el río Estrimón había sido un obstáculo para él, lo maldijo llenando su cauce de rocas y convirtiéndolo así en un río intransitable.

Por fin llegó a Micenas, le presentó las vacas a Euristeo y las sacrificó en mi honor.

11. El can Cerbero

El undécimo[25] trabajo consistía en que Heracles descendiese a los Infiernos y sacase de allí a Cerbero.[26]

Por el camino se inició en los misterios de Eleusis, que enseñaban la manera de llegar al Más Allá después de la muerte. Contó con la ayuda de Hermes, enviado por Zeus, que le guio en su catábasis.

Bajó a los Infiernos tomando el camino del Ténaro y allí se encontró el alma de Meleagro y de la gorgona Medusa, a la que quiso atacar sin darse cuenta de que era una sombra. Meleagro le contó la historia de la cacería de Calidón y su triste final.

Eneo, el rey de Calidón, ofreció un sacrificio a todas las divinidades después de la recolección, pero se olvidó de Ártemis, que en represalia envió al país de Calidón un enorme jabalí para que asolase todos los campos. Meleagro, que era el hijo del rey, reunió a numerosos héroes y a una heroína: Atalanta, Idas, Linceo, Cástor y Pólux, Teseo, Pirítoo, Anceo, Cefeo, Admeto...

---

25. Duodécimo y último para Apolodoro.
26. El monstruoso perro de Hades que velaba la entrada de los vivos al Inframundo e impedía la salida.

Atalanta fue la primera en herir al jabalí tras alcanzarlo con una flecha y, acto seguido, Meleagro lo remató de una cuchillada y le ofreció los despojos a Atalanta, por ser ella la primera en herirlo. Esto no gustó a sus tíos porque pensaban que, si Meleagro no quería el jabalí, les correspondía a ellos por su parentesco. En una disputa por esto, Meleagro mató a sus tíos y su madre se ofendió tanto que lanzó al fuego un tizón que tenía guardado porque había soñado con las moiras, que le dijeron que su hijo moriría cuando se consumiese el tizón. Y así murió Meleagro. Después, su madre, arrepentida por lo que había hecho, se ahorcó.

Heracles escuchó su historia atentamente y le preguntó si le quedaba alguna hermana viva. Meleagro le habló de su hermana Deyanira, y Heracles le prometió que se casaría con ella.

Después se encontró con Teseo y Pirítoo vivos, pero encadenados por un castigo de Hades, ya que habían pretendido raptar a Perséfone. Heracles salvó a Teseo, pero Pirítoo se quedó allí pagando su ofensa.

Al final, llegó ante la presencia de Hades y le pidió prestado su perro. El dios de los infiernos accedió con la condición de que lo dominase sin utilizar ningún arma. Heracles lo consiguió por la fuerza y la ayuda de su coraza, regalo de Atenea, y la piel inquebrantable del león. Subió a la tierra con su botín y lo llevó ante Euristeo, que se volvió a meter en su vasija como era habitual cuando tenía miedo. Como Euristeo no sabía qué hacer con el perro, Heracles lo devolvió al Hades.

12. Las manzanas de oro de las hespérides

Las hespérides son hijas de la noche, «las ninfas de Occidente», porque habitan en el extremo de Occidente, y se encargan de la custodia de las manzanas de oro con la ayuda de un dragón.[27] Fue un regalo de Gea en mi boda con Zeus. Euristeo encargó a Heracles que le trajese esas manzanas. Heracles no sabía dónde se encontraba ese jardín ni donde crecían esas doradas manzanas, así que fue preguntando a todos los que se encontraba por el camino hasta que las ninfas del río le dijeron que solo

---

27. Hesíodo, *Teogonía*.

Nereo sabría la respuesta, y lo llevaron ante él. Heracles tuvo que cogerle con fuerza, pues Nereo no quería responder, y no le soltó hasta que le indicó el lugar exacto, el país de los hiperbóreos.

Durante el largo camino que recorrió se encontró a Prometeo encadenado, con sus flechas mató el águila que le devoraba el hígado y lo liberó. En agradecimiento, Prometeo le aconsejó que no cogiese con sus propias manos las manzanas, sino que se lo pidiese al gigante Atlas, que sostenía el Cielo sobre sus hombros, y que lo aliviase de su carga mientras le recogía las manzanas sujetando él mismo el Cielo. Cuando llegó al jardín, se lo propuso a Atlas y este accedió a cogerle las manzanas. Pero por el camino Atlas pensó que ya que lo había liberado de su carga, en lugar de entregarle las manzanas, prefería seguir siendo libre. Sin embargo, Heracles era muy astuto y debió de olerse algo, porque cuando Atlas le dijo que él mismo le llevaría las manzanas a Euristeo, le pidió que le sujetase un momento la bóveda celeste para ponerse un cojín en los hombros. Atlas cayó en la trampa. Heracles cogió las manzanas del suelo y se marchó, dejándolo con el peso sobre sus hombros para siempre.

Heracles le entregó las manzanas a Euristeo y, como este no sabía qué hacer con ellas, le dijo que se las quedase. Entonces Heracles se las regaló a Atenea, que las volvió a colocar en el jardín.

Así pues, Heracles había superado todos los trabajos con éxito como castigo al asesinato de sus hijos y fue purificado por sus crímenes.

Después de todos los trabajos, Heracles volvió a Tebas y entregó a Mégara, su esposa, a su sobrino Yolao, porque después de lo que había sucedido ya no podía estar con ella.

Heracles se puso muy enfermo por matar a Ífito, al que habían acusado de robar unas yeguas, y para purificarse de este nuevo crimen, el oráculo le hizo saber que su enfermedad cesaría si durante tres años servía de criado a un mortal y con el dinero que ganase pagaba a Éurito en compensación por haber matado a su hermano Ífito. Hermes vendió a Heracles y lo compró Ónfale, reina de Lidia, viuda de Tmolo y, estando a su servicio, realizó muchas acciones heroicas. Cuando Ónfale supo quién era su esclavo se unió a él y tuvieron un hijo.

Pasados los tres años y ya recuperado de su enfermedad, Heracles llegó a Calidón, tras muchas aventuras y expediciones, para casarse con

Deyanira como le prometió a Meleagro cuando descendió a los Infiernos. Juntos tuvieron un hijo, Hilo.

Al pretender cruzar el río Eveno, se encontraron con el centauro Neso, que cobraba el transporte de una orilla a otra. Primero pasó Deyanira, y Neso, impresionado por su belleza, intentó violarla. Ella gritó y pidió auxilio a Heracles, que estaba en la otra orilla, y desde allí lo alcanzó tras un disparo certero con su arco. Cuando el centauro estaba a punto de morir, entregó a Deyanira un filtro para que Heracles no se acercase a ninguna otra mujer y siempre la amase solo a ella, dándole las instrucciones de cómo hacerlo: «Recoge el semen que se ha desprendido de mí, mézclalo con aceite y con la sangre que gotea de la punta de la flecha, y unta la capa de Heracles con ese ungüento».[28]

Pasado el tiempo, Heracles participó en un concurso de tiro organizado por el rey de Ecalia, cuyo vencedor obtendría como premio la mano de su hermosa hija Yole. Ganó Heracles, pero por temor a lo que ya le había ocurrido una vez cuando mató a todos sus hijos, el rey se la negó; Heracles tomó por la fuerza la ciudad de Ecalia y a Yole, a quien se llevó cautiva para que fuese su amante.

Después de esta victoria, quiso consagrar un templo a Zeus en acción de gracias y envió a Licas, un compañero de Heracles que le hacía de recadero, a Traquis para que su mujer, Deyanira, le diese una túnica nueva para tal honor.

> Llévale este manto de fina textura para aquel ilustre varón, manto que tejí con mis propias manos. Al entregárselo, hazle saber que ninguna persona debe cubrir su cuerpo con él antes que Heracles, y que tampoco puede ser expuesto ni a la luz del sol ni a ningún recinto sagrado ni al fuego del hogar antes de que Heracles, situado en un lugar bien visible a la vista de todos, lo haya presentado a los dioses en un día en que los honre con un sacrificio de toros.[29]

Cuando Licas le contó lo de Yole, Deyanira recordó el ungüento de amor que le había enseñado el centauro antes de morir, así que untó

---

28. Diodoro de Sicilia, *Biblioteca histórica*, Libro IV.
29. Sófocles, *Las traquinias*.

toda la túnica con él antes de entregársela a Licas. Al ponerse la túnica, Heracles sintió que un terrible dolor se apoderaba de él; el veneno de la sangre de Neso, que estaba impregnada con la sangre de la hidra de Lerna por su flecha, empezó a hacer efecto en el cuerpo de Heracles y su piel empezó a arder. Cogió a Licas por el pelo y lo lanzó al mar por haberle llevado esa túnica que se había adherido a su piel y que no se podía quitar porque se llevaba su carne detrás. Pidió ayuda y nadie sabía qué podía hacer; acudió al oráculo y este le dijo que tenían que fabricar una gran pira de fuego. Deyanira, que entendió lo que estaba sucediendo y que el centauro la había engañado, se ahorcó por ser la causante de los terribles dolores de Heracles y su posible muerte.

Mientras hacían la pira como había dicho el oráculo, Heracles confió su hijo Hilo a Yole y le pidió que se casase con él cuando tuviese edad. Terminados los preparativos, nadie se atrevía a encender la pira, solo Filoctetes accedió. En agradecimiento, Heracles le regaló su arco y las flechas. Una vez encendida, Heracles se lanzó al fuego, que consumió su parte mortal y le permitió ascender al Olimpo. Heracles había dejado el mundo de los hombres para estar en compañía de los dioses.

Después de su apoteosis, Zeus me persuadió para que adoptase a Heracles como hijo y, después de todo lo que le había hecho padecer, accedí y lo dimos en matrimonio a nuestra hija Hebe, copera de los dioses. Ahora Heracles era un inmortal como nosotros.

Francisco de Zurbarán, *La muerte de Hércules*.

CAPÍTULO VIII

HISTORIA MÍTICA DE TEBAS. EDIPO

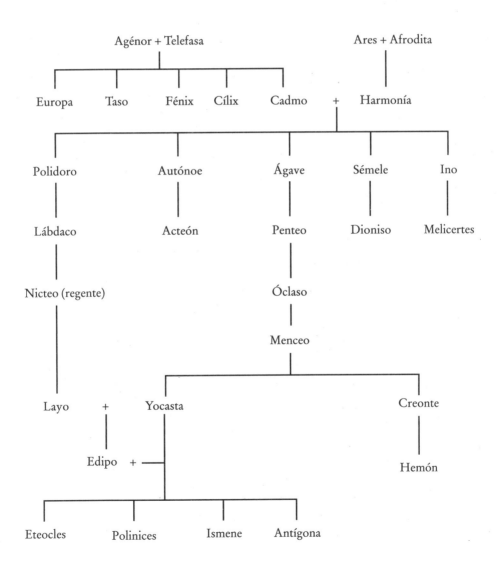

Origen y fundación de Tebas

Cadmo, hijo de Agénor[1] y Telefasa, es uno de los hermanos que, enviados por su padre, fueron en busca de su hermana Europa tras ser raptada por Zeus en forma de toro. Su padre les había prohibido volver hasta que la encontrasen, pero resultó ser una tarea muy complicada y al final no dieron con ella. Así que, desterrado de su patria, Cadmo fue a consultar al oráculo de Delfos, que le dijo que debía abandonar la búsqueda de su hermana Europa y fundar una ciudad:

> En un prado solitario encontrarás una vaca que nunca ha soportado el yugo ni ha tirado del corvo arado: sigue el camino por el que ella te guíe, y allí donde se recueste sobre la hierba construye las murallas de una ciudad y dales el nombre de beocias.[2]

Se puso en camino y entre los rebaños de Pelagonte vio una vaca que llevaba a cada lado el signo de una luna, por lo que decidió seguirla. La res lo condujo a través de Beocia hasta que se tendió de costado en el lugar donde nacería la ciudad de Tebas.

Cadmo besó esas nuevas tierras y, agradecido al oráculo, quiso sacrificar la vaca a Atenea. Para realizar el ritual del sacrificio, necesitaba agua para ofrecer las libaciones, así que mandó a sus compañeros a una fuente y ellos atravesaron un bosque frondoso donde parecía que ningún mortal había pisado su hierba; más tarde entraron en una gruta de la que fluía una abundante corriente natural,[3] pero estaba custodiada por una enorme serpiente de piel azulada que, al verlos con vasijas en las manos, se enroscó en sus cuerpos y les arrebató la vida. Cadmo, extrañado por la tardanza de sus compañeros, salió en su búsqueda y los encontró a todos sin vida en el bosque, mientras la serpiente se arrastraba junto a ellos. Lleno de ira, quiso vengarlos y arrojó una gran piedra a la serpiente, que la dejó aturdida. Entonces

---

1. Zeus se unió con Ío, que fue transformada en una vaca blanca para ocultarla de los celos de Hera, y tuvieron un hijo: Épafo. Este, a su vez, tuvo una hija llamada Libia, que uniéndose con Posidón engendró a los gemelos Agénor y Belo.
2. Ovidio, *Metamorfosis*, Libro Tercero.
3. La fuente de Ares.

le lanzó un dardo que fue directo a la médula espinal, consiguiendo que la serpiente se retorciera de dolor, pero aun así la criatura retrocedió para coger impulso y alcanzar a Cadmo con la boca abierta, momento que él aprovechó para clavar su espada en aquella garganta infernal. Estaba observando orgulloso cómo había vencido a aquel monstruo y vengado a sus compañeros, cuando escuchó una voz que no se sabía bien de dónde venía: «¿Qué haces ahí, hijo de Agénor, mirando a la serpiente muerta? También a ti te verán como a una serpiente».[4]

Era la diosa Atenea quien le hablaba y le ordenó que enterrase los dientes de la serpiente como semillas de una nueva generación que nacería en su nueva ciudad. Cadmo obedeció sin rechistar y, una vez que hubo removido la tierra y enterrado los dientes, la tierra empezó a moverse y de ella brotaron hombres armados[5] que comenzaron a luchar entre sí. Cadmo desenfundó su espada, pero Atenea lo detuvo, pues los que sobreviviesen serían sus compañeros en la fundación de la ciudad.

No obstante, Cadmo tuvo que pagar la muerte de la serpiente sirviendo como esclavo a Ares durante ocho años. Cumplida la pena y protegido por Atenea, Cadmo fundó Tebas y Zeus le entregó por esposa a una hija de Ares y Afrodita: la diosa Harmonía. Todos los dioses del Olimpo acudieron a la dichosa boda y los colmaron de regalos y cantos de las musas, acompañadas siempre por Apolo. Fue un matrimonio muy feliz y duradero, y tuvieron un hijo, Polidoro, y cuatro hijas, Autónoe, Ágave, Ino y Sémele.

Al morir, Cadmo y Harmonía fueron convertidos en serpientes y enviados por Zeus a los Campos Elíseos. Su hijo Polidoro se convirtió en rey de Tebas, se casó con Nicteis, hija de Nicteo, y engendraron a Lábdaco, que murió dejando un hijo de un año, Layo. El poder de Tebas pasó a Lico, hermano de Nicteo, quien tenía otra hija llamada Antíope que había engendrado dos hijos de Zeus, Anfión y Zeto.

---

4. Ovidio, *Metamorfosis*, Libro Tercero. Cadmo y su esposa Harmonía fueron transformados en serpientes al final de sus vidas.
5. *Spartoi*, hombres sembrados.

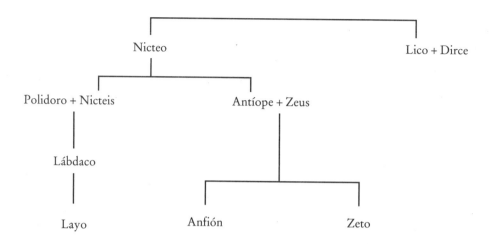

Nicteo no aceptó el embarazo de su hija Antíope y le pidió a su hermano Lico que la castigase junto a su esposo Epopeo. Lico mató a Epopeo y se llevó cautiva a Antíope, que dio a luz a los gemelos por el camino y los abandonó en el monte Citerón, donde fueron recogidos por un pastor.

Un día Antíope logró escapar de donde la tenían encarcelada y llegó por casualidad a la granja donde estaban sus gemelos. Allí pidió asilo y el pastor que los había criado como sus hijos le dijo que ella era su verdadera madre. Para vengar lo que les habían hecho, viajaron a Tebas a matar a Lico y a su esposa Dirce (que siempre había tenido muchos celos de la belleza de Antíope y no dejó de atormentarla) la ataron por sus cabellos a los cuernos de un toro y murió despedazada.[6]

Anfión y Zeto se hicieron así con el trono de Tebas y expulsaron a Layo, que era el legítimo rey. Layo fue acogido por Pélope, hijo de Tántalo, pero se quedó prendado de la belleza de su hijo Crisipo y lo raptó. Crisipo lo rechazó y, avergonzado, se clavó su propia espada. Pélope, su padre, al enterarse del triste final de su hijo, lanzó una maldición contra Layo: «¡Por todos los dioses, Layo, yo te maldigo a que no tengas hijos y si llegas a tenerlos, que recibas la muerte a manos de tu hijo engendrado!».

---

6. Apolodoro, *Biblioteca mitológica*, Libro III, 5,5.

Una vez muertos Anfión y Zeto, Layo regresó a Tebas como gobernante legítimo.

Layo recupera su trono legítimo. Nacimiento y llegada de Edipo a Tebas

MI NOMBRE ES YOCASTA, SOY HIJA DE MENECO, hermana de Creonte y esposa de Layo. Llevábamos mucho tiempo casados, pero no podíamos tener hijos y eso le preocupaba mucho a mi esposo porque necesitaba un heredero para Tebas, así que decidió preguntarle al oráculo si tendría hijos. Apolo le respondió:

> ¡Oh, soberano de Tebas, tierra rica en caballos! No eches la filial simiente a la tierra forzando con ello a los dioses, pues, si engendras un hijo, el que nazca habrá de matarte y toda tu casa caminará entre ríos de sangre.[7]

Pero Layo no le hizo caso y sembró en mí la simiente de un hijo. Cuando este nació, Layo recordó las palabras del oráculo: «El que nazca habrá de matarte». Asustado, entregó el recién nacido a unos pastores para que lo abandonasen en el monte Citerón y muriese, pero antes le agujereó los tobillos con una punta de hierro, y por eso se le llamó Edipo.[8]

Los pastores se apiadaron de mi niño, y en un encuentro en la comarca con otros pastores corintios, estos recordaron que su rey deseaba tener hijos, por lo que los pastores se lo llevaron a los reyes de Corinto, Pólibo y Mérope, quienes lo aceptaron y criaron como si fuese su propio hijo y nunca le dijeron que era adoptado. Edipo fue muy feliz en Corinto durante su infancia y adolescencia hasta que empezó a escuchar rumores de que los reyes no eran sus verdaderos padres. Aunque ellos le aseguraban que las habladurías eran falsas, él prefirió ir al oráculo para preguntárselo a Apolo. Por su parte, mi esposo esta-

---

7. Eurípides, *Las fenicias*.
8. Edipo significa «pies hinchados».

ba inquieto porque, aunque pensaba y deseaba creer que el niño había fallecido, no lo podía afirmar con seguridad, así que también decidió acercarse al santuario de Apolo y preguntar al oráculo. El destino quiso que ambos se encontraran en un cruce de caminos que se bifurcan en la Fócide. Edipo iba andando, mientras que Layo se desplazaba en carro. Cuando el joven pasó por su lado, mi esposo le increpó para que se apartase del camino, y entonces Edipo lo golpeó; mi esposo sacó su aguijada y le dio una sacudida en la cabeza que lo dejó aturdido, pero Edipo, que llevaba un cayado, reaccionó con tanta ira que le propinó un golpe fatal y luego mató también a todos sus acompañantes, a excepción de uno que se le escapó. El vaticinio se había cumplido: Edipo había matado a su padre (mi esposo, Layo) sin saber que lo era.

Cuando Edipo llegó al oráculo de Delfos, obtuvo el siguiente augurio: «Matarás a tu propio padre, te casarás con tu madre y tendrás hijos con ella». Esas palabras lo aterrorizaron, pues «¿Cómo voy a matar a mi padre y casarme con mi madre?», se decía a sí mismo. Decidió que, para evitar que tal cosa sucediera, nunca regresaría a Corinto, ya que él creía que sus padres eran Pólibo y Mérope. Así pues, Edipo puso rumbo a Tebas...

Por entonces, nosotros los tebanos sufríamos el azote de un monstruo terrorífico, la Esfinge, una criatura con rostro y pecho de mujer, patas y cola de león, y provista de alas de ave de rapiña. Fue enviada para castigar a la ciudad de Tebas devorando a todos los hombres y mujeres que pasaban por su lado. Además, proponía un enigma a los viajeros que querían entrar en nuestra ciudad y les quitaba la vida si no eran capaces de resolverlo. Nadie había dado todavía con la solución del enigma de la Esfinge, así que mi hermano Creonte, que ocupaba el trono en lugar de Layo porque no teníamos descendencia, desesperado, ofreció el reino de Tebas y mi mano a quien librase a la ciudad del terror que sufríamos. Solo dando con la solución del enigma la Esfinge moriría.

Cuando Edipo llegó a Tebas se encontró con la Esfinge, que le planteó el acertijo suponiendo que fallaría como todos. El enigma decía así:

Un ser bípedo hay sobre la tierra y cuadrúpedo, cuya voz es única.
Solo él va cambiando su naturaleza, de entre cuantos seres vivientes hay

en la tierra, por el aire y bajo el mar. Mas, cuando sus pasos da apoyado en más pies, más débil es entonces el vigor de sus miembros.[9]

Gustave Moreau, *Edipo y la esfinge*.

Edipo, mirando a la Esfinge, le respondió:

Escucha, aunque no quieras, musa de los muertos, de nefastos presagios, mi voz, fin de tus extravíos. Al hombre querrás referirte, que cuando a la tierra llega por primera vez cuadrúpedo nace recién alumbrado del seno de su madre, mas cuando llega a viejo sobre un bastón se apoya, cual tercer pie, según va encorvando el cuello, cargado por la vejez.

9. Eurípides, *Tragedias*, III.

En el preciso momento en que Edipo pronunció esas palabras delante de todos, la Esfinge se arrojó desde la acrópolis tebana y se mató.

Así, y otra vez sin querer, se volvió a cumplir el oráculo: Edipo salvó a Tebas, ocupó el trono y se casó conmigo, su verdadera madre.

Edipo, rey de Tebas

Mi nuevo esposo Edipo, que era un hombre justo, valiente y noble, amaba más que nadie a la ciudad de Tebas, y siempre estaba pendiente del bienestar de su pueblo.

Una terrible peste asolaba Tebas sin hacer distinción entre mujeres, hombres, niños, animales, ricos, pobres… Todos estábamos a su merced y la gente estaba muy preocupada. Como Edipo ya había salvado a Tebas de la Esfinge, un grupo de personas encabezado por un sacerdote se presentó en palacio para suplicar a Edipo que hiciese algo para terminar con la enfermedad. Edipo los tranquilizó diciéndoles que, como él no sabía cómo actuar, había mandado a nuestro sobrino Meneceo, hijo de mi hermano Creonte, al oráculo de Apolo en Delfos, y que pronto traería la respuesta a todos nuestros males. El oráculo vaticinó que si encontraban al asesino de Layo, mi anterior esposo y rey, la peste se terminaría y además dijo que el asesino estaba entre nosotros.

Cuando Edipo escuchó del oráculo: «Existe en Tebas un ser contaminado y contaminador que es necesario expulsar o matar», concentró todas sus fuerzas en encontrar al culpable y al asesino de Layo, pues si había sido capaz de matar a un rey pensaba que podría matarle a él también. Y dirigiéndose a todos los ciudadanos pronunció las siguientes palabras:

> A vosotros, todos los cadmeos,[10] os proclamo este mensaje: Quienquiera que de vosotros sepa a manos de qué individuo pereció el hijo de Lábdaco, mando a todo el mundo que me lo denuncie. Y si alguien conoce al autor del hecho, no lo calle, pues le asignaré el pago correspon-

---

10. De Cadmo, fundador de Tebas.

diente y le quedará mi agradecimiento. Y ahora, puesto que yo tengo el mando que él tuvo antes y ocupo su lecho y esposa, fecunda para los dos, en justa correspondencia a estas circunstancias combatiré con estas medidas en defensa de él como si de mi padre se tratase y llegaré a todo, intentando detener al autor del asesinato.[11]

Los ciudadanos comentaron que había un hombre, el adivino Tiresias, que lo veía todo igual que Apolo y que podría llamarle por si sabía algo y podía ayudarles a encontrar al asesino de Layo. Edipo les dijo que ya había sido llamado y no tardaría en darles una respuesta, pues ya habían pasado varios días. En ese momento entró Tiresias, guiado por un lazarillo y, dirigiéndose al viejo adivino, Edipo le contó lo que les había dicho el oráculo de Delfos: «Solo llegará solución a esta pestilencia si, tras identificar bien a los que mataron a Layo, los matamos o los deportamos al destierro fuera de la patria». Mi esposo dejó hablar a Tiresias, pero este no le daba ninguna respuesta, no porque no la supiera sino porque no quería. Edipo le suplicaba, no entendía por qué no quería ayudar a su ciudad si sabía algo, y Tiresias le pedía que no preguntase, que no iba a decir nada. Edipo, empeñado en encontrar al asesino y terminar con la peste que estaba acabando con la vida de tantos tebanos, se irritó tanto que se vieron envueltos en una discusión y mi esposo terminó por acusar al adivino de que había sido él quien había planeado la muerte de Layo y por eso no quería hablar. Tiresias le pidió que no lo obligase a dar explicaciones en contra de su voluntad, pero Edipo lo forzó a hablar y el adivino terminó por decir: «Afirmo que eres tú el asesino que andas buscando encontrar».[12]

Mi esposo Edipo le reprochó que eso era un ultraje, pero el adivino siguió hablando y afirmó que estaba metido en una infamia porque tenía trato con un ser querido. «Todo son vanas palabras», le dijo, pues estaba seguro de que no había matado a Layo ni tenía ninguna relación infame con un ser querido. Entonces pensó que eso debía de ser un plan de Creonte, mi hermano, para arrebatarle el trono y exiliarle acusándolo de traición. En su defensa le recriminó a Tiresias que, siendo adi-

---

11. Sófocles, *Edipo rey*.
12. *Ibid.*

vino, dónde estaba cuando la Esfinge mataba a sus conciudadanos. Tiresias, antes de abandonar el lugar, le dijo:

> El individuo ese al que hace tiempo buscas amenazando y proclamando públicamente como el asesino de Layo, ese está aquí. Es extranjero afincado aquí, pero luego se evidenciará que es un tebano indígena, y no se alegrará por esa suerte, pues marchará ciego tras haber visto, y mendigo en vez de rico, a tierra extraña tanteando el suelo con un bastón a medida que va caminando. Y se evidenciará que él es a la vez, pese a tratarse de una sola persona, hermano y padre de sus propios hijos, y de la mujer de la que nació hijo y esposo, y de su padre compañero de fecundación a la vez que su asesino.[13]

Concluyó diciendo que, si le sorprendía en una mentira, podía divulgar por ahí que él ya no era un adivino y tras decir esto abandonó la sala.

En ese momento entró mi hermano Creonte, irritado porque le habían informado de que Edipo le imputaba espantosas acusaciones. A su vez, mi esposo le increpó que el adivino Tiresias y él se habían confabulado en su contra para expulsarle de Tebas con viles mentiras y que pagaría por ese ultraje con su vida o mandándole al exilio. Mi hermano acudió a mí para contarme todo lo que había pasado y yo le pedí a mi marido que me explicase su versión de los hechos. Cuando terminó de relatarme las palabras de Tiresias, le dije que no se preocupase, porque yo le contaría lo que realmente había sucedido. Según le iba narrando los hechos desde el principio, Edipo iba palideciendo, pues la muerte de Layo en una bifurcación de caminos coincidía en tiempo y forma con el desencuentro que él tuvo cuando se dirigía a Tebas. Me preguntó por su aspecto y si iba solo, y yo le dije que uno de los criados había escapado.

Aterrado, me contó su historia, según la cual un hombre que había bebido en exceso en un festín le había dicho que Pólibo y Mérope no eran sus padres, y entonces él decidió consultarlo en el oráculo a escondidas de ellos. La respuesta del oráculo fue la misma que le dieron a

---

13. Sófocles, *Edipo rey*.

Layo, así que temiendo matar a quien creía su padre y casarse con su supuesta madre, se dirigió a Tebas y por el camino le quitó la vida a un hombre en una disputa. ¡Ay de mí! La única esperanza que nos quedaba era consultar al criado que había escapado y lo había visto todo, pero ya no vivía en el palacio porque me suplicó que lo alejase de allí y lo mandase al pastoreo del ganado de nuestras fincas. Edipo pidió que fueran a buscarlo, y entretanto llegó un mensajero de Corinto anunciando la muerte de Pólibo y que sus conciudadanos lo reclamaban para que fuera el sucesor en el trono de su padre adoptivo. La triste noticia de la muerte de Pólibo nos alivió a los dos, ya que si su padre había muerto ya no podía matarle él como había vaticinado el oráculo. Pero las alegrías tienen las patas muy cortas.

El mensajero nos aseguró que no debía temer nada porque, en realidad, los reyes de Corinto no eran sus padres, así que podía volver tranquilo a sucederle en el trono como hijo adoptivo.[14] Este sí que fue un golpe doloroso. Edipo insistió en que le contase todo lo que sabía y en que le explicase por qué decía que no eran sus padres. El mensajero le confirmó que fue él mismo quien, de manos de otro pastor, le entregó el niño a Mérope porque no tenía hijos y que, debido al estado de sus pies le pusieron el nombre de Edipo. El otro pastor, el que escapó cuando asesinaron a Layo, entró en palacio y corroboró lo que decía el corintio: Edipo era hijo de Layo, y se había casado conmigo, con su madre. El oráculo nunca se equivocaba.

Edipo se quedó perplejo ante tal descubrimiento, tan desafortunado como involuntario, y yo salí corriendo hacia mis aposentos. ¡Desgraciada de mí! ¡Había tenido cuatro hijos de mi propio hijo, no podía soportar tanto dolor y vergüenza! Me apresuré a coger una cuerda, la anudé alrededor de mi cuello y con mucha pena en mi corazón cerré los ojos para siempre. Me descubrió un criado que fue corriendo a contárselo a Edipo, quien gritó ante la terrible estampa de verme colgada por el cuello mientras mi cuerpo aún se balanceaba. ¡Pobre esposo e hijo mío, qué vida más desgraciada le esperaba! Edipo sujetó mi cuerpo, arrancó dos broches de oro que adornaban mi vestido y se los

---

14. Esto recibe el nombre de «anagnórisis»: descubrimiento de datos esenciales sobre su identidad ocultos para él en ese momento.

clavó en los ojos. Con los ojos hundidos en la más terrible oscuridad, con toda la cara ensangrentada, en su nobleza y cumpliendo con lo que él mismo dijo que haría con el asesino de Layo para terminar con la peste, entre gritos desesperados y angustiosos exclamó:

Echadme al destierro cuanto antes,
echad, amigos, a esta peste enorme,
a este más que maldito
y hasta incluso el más odioso de los mortales a los dioses.[15]

Antes de abandonar el palacio, Edipo pidió a Creonte que le dejase estrechar las manos de nuestras hijas, Antígona e Ismene, para despedirse de ellas, y así se lo concedió. Con Edipo en el exilio, mi hermano Creonte comenzó su reinado.

SOY ANTÍGONA, HIJA DE EDIPO Y YOCASTA. Debido a su autoimpuesta ceguera, mi padre necesitaba unos ojos que lo guiasen en su exilio, y fueron los míos los que lo acompañaron hasta el final de sus días.

«Hija entrañable de un viejo ciego, Antígona, ¿qué lugares son estos que hemos alcanzado?».[16]

No podía dejar a mi padre ciego y abandonado en el exilio. Su pena es terrible pues, sin querer, se ha visto envuelto en una serie de sucesos que han desencadenado una tragedia tras otra y, aunque sea una infamia todo lo que ha ocurrido, yo, Antígona, soy la hija de Edipo y lo cuidaré y acompañaré hasta el final de sus días. El oráculo le había dicho a mi padre que buscase un lugar determinado y, mientras íbamos de camino, vi a lo lejos unos torreones que ocultaban una ciudadela: era Atenas. Al llegar a un lugar rebosante de laurel, olivos y viñas, pedí a mi padre que se sentase en una roca a descansar sus ancianas piernas. Un extranjero se acercó hacia nosotros y aprovechamos para preguntarle qué lugar era aquel donde nos encontrábamos, pues parecía sagrado. Él nos dijo que nos hallábamos en Colono, cerca de la ciudad de

---

15. Sófocles, *Edipo rey*.
16. Sófocles, *Edipo en Colono*.

Atenas, y que, efectivamente, aquel era un lugar sagrado habitado por las temibles hijas cuyo nombre nadie se atreve a pronunciar y las llaman «Bienaventuradas que todo lo ven»[17] o de cualquier forma agradable como «Euménides»[18] para adularlas y calmar su cólera.

Mi padre preguntó al extranjero quién gobernaba la ciudad, y su respuesta fue Teseo, hijo de Egeo. Mi padre pidió que mandara a algún emisario para que le dijese a Teseo que, si venía a hablar con él, podía obtener una ganancia enorme a cambio de prestarle una pequeña ayuda. Mientras tanto apareció mi hermana Ismene y nos contó que nuestros hermanos Eteocles y Polinices, rivalizando por el mando y el poder real de Tebas, habían entrado en una disputa y Eteocles había desterrado a Polinices. Este se había refugiado en Argos y se había casado con Argía, hija de Adrasto, haciéndose así aliados de guerra para luchar contra nuestro hermano. Por último, nos reveló que el oráculo había predicho que Polinices ganaría la batalla a Eteocles si obtenía el apoyo de nuestro padre.

Por otra parte, la petición de mi padre llegó al consejo de ancianos de Colono y estos convocaron a Teseo. El rey de Atenas acudió adonde nos encontrábamos y atendió compasivo a la súplica de Edipo, mi padre, ofreciéndonos refugio y protección.

Pero las noticias corren rápido. Mi tío Creonte también vino adonde nos encontrábamos para convencer a mi padre de que volviese a Tebas; seguramente había sabido por el oráculo de Delfos que para que Tebas se mantuviese segura, Edipo debía ser enterrado allí y que, si moría en Atenas, esta siempre prevalecería sobre la tierra de Cadmo.[19] Como mi padre no estaba dispuesto a volver a Tebas, empezaron los reproches por parte de ambos en una disputa que terminó con Creonte apresándome para apartarme de mi padre e intentando llevarse también a mi padre por la fuerza; pero no lo consiguió, porque se lo impidieron los ancianos de Colono que estaban con nosotros.

Menos mal que en ese momento llegó Teseo y mi padre le dijo que Creonte se había llevado sus dos ojos (a mí) a la fuerza; rápidamente

---

17. Las erinias, nacidas de las gotas de sangre que impregnaron la tierra en la mutilación de Urano, su misión principal es la de castigar los crímenes contra la familia.
18. Bondadosas.
19. Tebas.

Teseo mandó a los soldados de su escolta a que interceptasen a Creonte y me trajesen de vuelta al lado de mi padre junto con mi hermana Ismene, que también había sido capturada cuando realizaba las abluciones a las diosas bondadosas[20] para purificar a nuestro padre. Y para colmo, también llegó mi hermano Polinices para pedir la bendición de nuestro padre en su inminente ataque a Eteocles en Tebas.

Edipo, que entró en cólera, maldijo a sus dos hijos culpándolos de no haberle librado del exilio y pidió a los dioses que él y su hermano se mataran entre sí y ninguno de los dos consiguiera su propósito. Estas fueron sus palabras:

> ¡Que ni logres con la lanza el dominio de la tierra de nuestra raza ni consigas regresar jamás al valle de Argos, sino que mueras a mano de tu hermano y con la tuya mates a quien te expulsó![21]

De repente sonó un fuerte trueno tres veces seguidas. Mi padre entendió la señal y se levantó de la roca sin ayuda de nadie para dirigirse, sin guía y a grandes pasos, hacia un lugar desconocido al que le seguimos nosotras y Teseo. Nuestro padre se despidió de nosotras agradeciéndonos lo buenas hijas que habíamos sido para él y prosiguió su camino con Teseo, pues solo el rey de Atenas debía conocer el lugar exacto de la tumba de nuestro padre. Ante Zeus y delante de Edipo, Teseo juró que jamás revelaría el lugar donde mi padre estaba enterrado.

Muerto mi padre Edipo, mi hermana y yo nos sentimos desgraciadas y extranjeras y no sabíamos cuál iba a ser nuestra suerte a partir de ahora con los antecedentes familiares que teníamos. Por fortuna, Teseo, el gran Teseo, nos ofreció asilo y protección, nos dijo que él cuidaría de nosotras. Sin embargo, aunque agradecidas, le pedimos poder regresar a Tebas para intentar frenar la guerra que se cernía entre nuestros hermanos, Eteocles y Polinices. El rey Teseo nos dejó marchar bajo su protección.

---

20. A las erinias, nombre tabú que no se podía pronunciar porque si se las nombraba así acarrearía daño a quien lo hiciese. Solo se puede hablar de ellas mediante eufemismos.

21. Sófocles, *Edipo en Colono*.

Desde que murió mi padre, Zeus no ha dejado de enviar infortunios a mi familia. ¿Qué es más importante: cumplir las leyes civiles o las divinas? Cuando falleció mi padre, mis dos hermanos acordaron turnarse en el trono cada año, pero Eteocles no quiso deshacerse del poder cuando terminó su año, así que mi hermano Polinices se fue a Argos y montó un ejército de siete caudillos argivos para declarar la guerra a Tebas. Un mensajero le dirigió estas palabras a mi hermano:

> Eteocles, nobilísimo señor de los cadmeos, vengo del ejército trayendo de allí noticias ciertas; yo mismo soy testigo de los hechos. Siete guerreros, impetuosos capitanes, degollando un toro en un escudo negro, y mojando sus manos en la sangre del toro, por Ares, Enio y Terror juraron o destruir y saquear por la violencia esta ciudad de los cadmeos o, muriendo, empapar esta tierra con su sangre. Después colgaron con sus manos en el carro de Adrasto recuerdos suyos para sus padres en las casas, derramando lágrimas; pero ninguna queja había en sus labios, pues su corazón de hierro, inflamado de valentía, respiraba coraje, como leones con ojos llenos de Ares. Y la prueba de esto no se retarda por negligencia: los dejé echando suertes a qué puerta cada uno de ellos, según obtuviera en el sorteo, conduciría sus tropas. Ante esto, coloca como jefes rápidamente a los mejores guerreros escogidos de la ciudad, en las salidas de las puertas; pues cerca ya el ejército argivo, con toda su armadura, avanza, levanta polvo y una espuma blanca mancha la llanura con la baba que sale de los pulmones de los caballos. Tú, como diestro piloto, defiende la ciudad antes de que se desaten las ráfagas de Ares, pues ya grita la ola terrestre del ejército. Aprovecha para ello la circunstancia, lo más pronto posible.[22]

Adrasto, rey de Argos y suegro de mi hermano Polinices, comandaba la expedición formada por los siete caudillos que lucharon ante las puertas de la fortaleza de Tebas. La expedición fracasó y los tebanos se negaron a entregar los cadáveres para que les tributasen las honras funerarias, violando las leyes helenas. Y, tal como mi padre predijo, mis hermanos murieron hiriéndose mutuamente con sus propias manos.

---

22. Esquilo, *Los siete contra Tebas*.

El trono lo acabó ocupando mi tío Creonte, un despiadado tirano. Lo primero que hizo fue decretar un edicto para darle honrosa sepultura a Eteocles, pero prohibió que se llorase a Polinices y se le diera sepultura; quería que su cuerpo insepulto fuese presa de aves, perros y demás animales carroñeros bajo pena de muerte a quien desobedeciese. Pero no se puede dejar a un cuerpo sin sepultura, no se puede ofender a los dioses del Inframundo, pues su alma vagaría sin rumbo para toda la eternidad. No, yo no lo podía permitir. Hablé con mi hermana Ismene y le pedí que me ayudase a enterrar a nuestro hermano. «¡Ay, desgraciada! —me decía—. ¡Qué miedo siento por ti!». Pero yo no temo a la muerte, los dioses me recompensarán cuando me reúna con ellos en el Hades.

Creonte había puesto soldados de guardia alrededor de Polinices para que nadie se acercase a su cuerpo, pero yo, que soy muy astuta, sin que se diesen cuenta, esparcí polvo por encima de su cuerpo y le hice las libaciones oportunas. Cuando lo descubrieron mandaron a un mensajero para que le diese la noticia al rey Creonte. La ira lo invadió y acusó a los soldados de haberse dejado sobornar, por lo que unos empezaron a dudar de los otros.

—Si no me traéis a los autores del delito moriréis todos[23] —amenazó Creonte.

Entonces entró un centinela llevándome atada por las muñecas:

—¡He aquí quien lo ha hecho!

Me habían pillado volviendo a echar tierra sobre el cuerpo que habían barrido. Creonte me preguntó furioso y yo no negué nada de lo que estaban contando.

—¿Y has osado desobedecer mis órdenes? —me preguntó Creonte.

—Sí, porque no es Zeus quien ha promulgado esta prohibición, ni tampoco Niké, y creo que tus órdenes mortales están por debajo de las divinas.

Creonte hizo llamar a mi hermana Ismene por cómplice, con la intención de matarnos a las dos. Yo me opuse a tal cosa e imploré a la Justicia, aunque mi hermana quería morir conmigo, pero eso yo no lo iba a permitir. Para defenderme, mi hermana Ismene, muerta de miedo, le preguntó al rey:

---

23. Sófocles, *Antígona*.

—¿Y vas a matar a la prometida de tu hijo?

Porque yo era la prometida de Hemón, el hijo del rey. Todo se le complicaba, pero el tirano Creonte se mantenía firme en su decisión. Hemón, afligido por la suerte de nuestra boda frustrada y mi inminente muerte, pidió a su padre que fuera sensato, que el pueblo de Tebas murmuraba y no lo quería, que me liberara de la muerte y sería honrado como un buen rey. Pero el orgullo puede más que la prudencia, así que me llevaron por un sendero estrecho y me encerraron en una cueva hasta que la muerte viniese a buscarme.

El adivino Tiresias, tras enterarse de lo sucedido, fue a hablar con el rey y le vaticinó que, si no me sacaba de la cueva con vida, una muerte se pagaría con otra y con otra... Creonte, temeroso de las palabras del adivino, se dirigió hacia la cueva con su séquito. Tarde, demasiado tarde. Yo me había ahorcado con mi cinturón y mi querido Hemón, que había ido antes que ellos a liberarme, al verme sin vida se clavó su propia espada. Esta estampa fue la que se encontró Creonte cuando entró en la cueva y un dolor amargo se apoderó de él.

Mientras, la noticia corrió como una liebre huyendo de un perro cazador y llegó a palacio, a oídos de Eurídice, reina y madre de Hemón. «Una muerte se pagará con otra y con otra». La reina no pudo soportar el dolor y se asestó una herida mortal en el costado. Creonte también vio a su esposa muerta y suplicó la muerte a los dioses, pero no lo escucharon y se quedó con una inmensa angustia y pena en su corazón. Pagó su insolencia con dolor. La prudencia es la mejor de todas las riquezas.

Las madres de «Los siete contra Tebas», acompañadas de Adrasto, el único que sobrevivió, se presentaron ante Teseo y le suplicaron que las dejara recuperar los cadáveres que los tebanos no habían querido entregarles. Gracias a la ayuda de Etra, madre de Teseo, lograron que el rey de Atenas luchase contra Tebas por principios divinos en favor de quienes habían sido víctimas de una injusticia, y todos los cadáveres fueron enterrados debidamente en Eleusis.

Adrasto guardó gratitud eterna a Teseo por su generosidad, pero la diosa Atenea, dirigiéndose a Teseo le dijo:

Haz que Adrasto, como monarca absoluto que es, jure por toda la tierra de los danaidas[24] que jamás los argivos a esta tierra declararán guerra armada, y que, si otros lo hiciesen, que en su camino interpongan sus armas. En caso de que marchasen contra tu ciudad transgrediendo el juramento, dirige contra ellos una maldición y que el país de los argivos perezca de mala muerte.[25]

—¡Soberana Atenea! Obedeceré tus palabras, pues tú me guías rectamente para no cometer ninguna falta —aseguró Teseo.

Y el juramento se realizó.

---

24. Hijos y descendientes de Dánao.
25. Eurípides, *Las suplicantes*.

CAPÍTULO IX

CRETA Y ATENAS. TESEO Y EL MINOTAURO

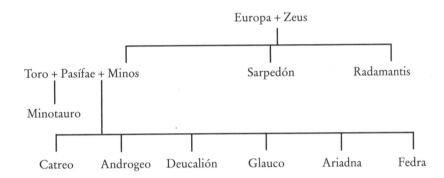

SOY PASÍFAE, HIJA DE HELIOS Y ESPOSA DE MINOS, descendiente del mismísimo Zeus.

En la época en la que Asterio era rey de Creta, Zeus raptó a Europa en Fenicia y se la llevó a Creta montada en un toro manso blanco, que era el propio dios metamorfoseado, y tras unirse a ella engendró tres hijos: Minos, Sarpedón y Radamantis.

El rey Asterio se casó con Europa y adoptó a los tres hijos de Zeus. Al morir Asterio sin descendencia, mi esposo Minos pretendió reinar en Creta, pero los otros hermanos no estaban de acuerdo; él intentó convencerlos de que había recibido el trono con el beneplácito de los dioses y que así se lo demostraría. Para ello suplicó a Posidón que apareciese de las profundidades marinas un toro, para poder sacrificarlo en su honor. Posidón escuchó su plegaria y de pronto apareció un maravilloso ejemplar de toro, de modo que Minos consiguió el ansiado reino de Creta. Pero mi esposo no sacrificó a ese buen toro, sino que lo guardó en sus establos, y a cambio hizo el sacrificio con otro toro que ya tenía él de antes. Irritado por el incumplimiento de su promesa, Posidón volvió al toro salvaje e hizo que yo, Pasífae, sintiera por él un amor apasionado. Para castigar a mi esposo, lo acabé pagando yo. Cuando vi al toro, un fuego se apoderó de mí, no podía controlar la pasión y el deseo que sentía por esa criatura, pero nuestra naturaleza era distinta y no sabía qué podía hacer.

Había en palacio un arquitecto e inventor llamado Dédalo que, tras huir de Atenas por el asesinato de su sobrino Pérdix por celos, se instaló en Creta. Puesto que era un hombre muy ingenioso, pensé que él podría ayudarme, por lo que le conté mi pasión por el toro y el deseo que tenía de relacionarme con él. Dédalo construyó una vaca de madera con ruedas, la ahuecó por dentro, la recubrió con la piel de una vaca que había desollado y, después de colocarla en el prado en el que el toro acostumbraba a pacer, me pidió que me introdujese dentro. Sabía que daría con la solución, así que confié en él e hice todo lo que me pidió. Al verme, el toro me tomó por una vaca en celo y así engendramos al Minotauro, una criatura con rostro de toro y cuerpo de humano.

Jean Lemaire, *Dédalo construye la vaca de madera para Pasífae.*

Cuando Minos vio al Minotauro, acudió al oráculo para preguntarle cómo podía ocultar la deshonra y el escándalo que supondría esa relación zoofílica, y este le dijo que ordenase a Dédalo construir un laberinto con tantos intrincados pasadizos que fuese imposible encontrar la salida. Y allí encerraron a mi pobre hijo, en el laberinto construido por Dédalo.

Minotauro en el regazo de Pasífae, kylix de figuras rojas.
Biblioteca Nacional de París. (Ca. 330 a.C.)

Por aquel entonces Androgeo, uno de los hijos que tuve con Minos, se fue a Atenas a la celebración de las Panateneas,[1] cuando Egeo era el rey de Atenas. Mi hijo Androgeo venció a todos los atletas en los juegos y se hizo amigo de los palantidas, los cincuenta hijos de Palante, hermano de Egeo, y enemigos por el poder del Ática.

1. Fiestas principales de Atenas celebradas en honor de la diosa Atenea.

El rey Egeo, por temor a que Minos ayudase a los hijos de Palante y le arrebatasen el poder, hizo que asesinaran a Androgeo. Tras el asesinato de nuestro hijo, Minos declaró la guerra a Atenas para hacer justicia.

Mi esposo pidió a Zeus que sobreviniesen sequías, se destrozasen todas las cosechas y se instalase el hambre entre los atenienses. Solo se librarían de sus males si daban a Minos la satisfacción que pidiera por el asesinato de Androgeo. Lo que Minos pidió fue que cada nueve años le entregasen siete muchachos y el mismo número de muchachas para alimentar al Minotauro. Los habitantes del Ática lo hicieron y se vieron libres de aquellos males, y la guerra contra Atenas llegó a su fin.

Pero pasaron los años y Teseo, hijo del rey Egeo, se presentó voluntario para terminar con la vida del Minotauro y acabar así con la maldición que caía sobre los atenienses. Se presentó ante nosotros junto con los otros jóvenes que iban a ser ofrecidos al Minotauro. Mi hija Ariadna se enamoró del príncipe Teseo en cuanto lo vio, y quiso ayudarle para que no muriese a manos de su horrible hermanastro. Para ello acudió a Dédalo, pues como él había sido el constructor del laberinto, estaba segura de que debía conocer alguna manera de salir de allí sin perderse. Dédalo le dijo que le entregase a Teseo un ovillo de lana que debería ir desenrollando a medida que avanzaba y después, para poder encontrar la salida, solo tendría que seguir el hilo. Teseo volvió por donde el ovillo había sido desenrollado, encontró la salida y a mi hermana Ariadna esperándolo. «¿Lo creerás, Ariadna? —dijo Teseo—. El Minotauro apenas se defendió».[2]

¿Quién es Teseo?

Si Heracles es el héroe del Peloponeso, el del Ática no es otro que Teseo, rey legendario de Atenas, hijo de Egeo y Etra.

Egeo, rey de Atenas, no conseguía tener hijos a pesar de sus dos matrimonios. Esto le preocupaba bastante, pues deseaba asegurar su descendencia, por lo que partió hacia Delfos para consultar al oráculo,

---

2. Jorge Luis Borges, *La casa de Asterión*.

cuya respuesta fue: «No abras tu odre hasta que regreses a Atenas». ¿Lo entendéis? Él tampoco. Así que le preguntó a Piteo, rey de Trecén, que era célebre por su sabiduría, y él sí lo entendió: «No te acuestes con ninguna mujer hasta llegar a Atenas porque se quedará embarazada». El rey hizo un banquete en su honor y emborrachó a Egeo para meterlo en la cama de su hija Etra. Cuando Egeo se despertó al lado de Etra, imaginó lo que había sucedido y le dijo que, si tenía un hijo, ella lo criaría pero debía mantener la identidad del padre en secreto. Escondió su espada y unas sandalias en una enorme roca y le dijo a Etra que, cuando el niño fuese mayor, si podía mover la roca, debía recogerlo todo en señal de identidad y dirigirse a Atenas.

Lo que no sabía Egeo era que la misma noche que Etra se acostó con él ella había sido violada previamente por Posidón. Sea quien fuere el padre (seguramente fuese Posidón), lo cierto es que Etra se quedó embarazada y nació Teseo, y Egeo dio por hecho que era hijo suyo.

Nicolas Poussin, *Teseo encuentra la espada de su padre*.

A los dieciséis años, Teseo ya tenía fuerza para mover una roca, así que Etra le confió el secreto. Teseo cogió la espada y las sandalias de debajo de la roca y se fue a buscar a su padre. En su camino hacia Atenas para conocer a su padre Egeo, Teseo optó por atravesar el istmo de Corinto, que estaba lleno de bandidos, y para emular a Heracles, dio muerte a todos los que se encontraba a su paso, ganándose la fama de héroe.

Una de las tantas aventuras que corrió fue con Procusto, un gigante hijo de Posidón, que tenía una posada en el camino de Mégara a Atenas e invitaba a los viajeros a tumbarse en uno de los dos lechos que poseía. A los altos les daba el lecho más corto y para adaptarlos a la cama les cortaba los pies; a los bajos les ofrecía el largo y estiraba violentamente de ellos para alargarlos. Procusto tenía un hijo, Sinis, de fuerza extraordinaria y apodado «el doblador de pinos». Cuando un viajero pasaba por su lado, lo ataba entre dos pinos, doblaba los árboles y al soltarlos estos se enderezaban violentamente desgarrando los cuerpos, que salían despedidos por los aires. Teseo lo mató de la misma manera que hacía él con los viajeros.

También se encontró con Escirón, que se ponía en el camino que bordeaba la costa de Mégara y obligaba a los viajeros a lavarle los pies, y mientras estos lo hacían, Escirón los precipitaba al mar, donde una enorme tortuga se los comía. Cuando Teseo iba de Trecén a Atenas, le dio su propia medicina. Venció también a la cerda de Cromión, que había matado a muchas personas, de un sablazo.

Por el camino luchó contra Cerción, que tenía su guarida en el camino de Eleusis a Mégara; Cerción detenía a los viajeros para que peleasen con él y cuando les vencía les quitaba la vida, pero Teseo, mucho más hábil que él en la lucha, lo levantó por los aires y lo estrelló contra el suelo.

Finalmente llegó a Atenas, donde Medea, que se había casado con Egeo después de dejar a Jasón y matar a sus propios hijos, lo reconoció. Ella deseaba la muerte de Teseo porque tenía un hijo con Egeo, Medo, y quería que el trono de Atenas fuese para él. Para librarse de Teseo, Medea convenció a Egeo de que el extranjero quería arrebatarle el trono. Entonces el rey le encomendó que capturase al toro de Creta —al que, como ya os he contado, Minos no quiso sacrificar para quedárselo como semental; entonces Posidón lo había vuelto salvaje e hizo que yo, Pasífae, me enamorase de él—. Teseo lo capturó y lo ofreció en sacrificio a Apolo. Frustrado su plan, Medea pidió a Egeo que organizase un banquete en honor a Teseo, y allí le daría a beber una copa con veneno que había preparado la hechicera para matarlo. Cuando Teseo se sentó a la mesa y tenía la copa en la mano, sacó la espada como para cortar la carne y Egeo, que la reconoció inmediatamente, de un golpe le quitó a Teseo el veneno de la mano. Egeo reconoció públicamente a su hijo y lo proclamó heredero legítimo del trono. A Medea la desterró junto a su hijo. Ahora que Teseo había sido reconocido oficialmente como el hijo del rey, tuvo que luchar contra sus primos, los cincuenta hijos de Palante que querían el trono por la fuerza, y los aniquiló a todos.

Como ya conocemos al héroe, volvamos al laberinto donde mi hija Ariadna ayudó a Teseo tras la promesa de que se casaría con ella y se la llevaría con él a Atenas. Y así lo hizo, mi hija y Teseo partieron de Creta en dirección a Atenas. Lamentablemente, el hilo que ella le entregó para matar al Minotauro —y con el que nos defraudó como padres, ya que el amor que ella sentía por el joven Teseo hizo que escapara con el enemigo— se rompió en Naxos, donde Teseo la abandonó mientras ella dormía, en una parada que hicieron antes de llegar a su destino.

Dioniso, que estaba en Naxos, vio a mi hija Ariadna, sola y abandonada, y su belleza lo cautivó. Se enamoró de ella nada más verla y se la llevó de Naxos al Olimpo. Ariadna se casó con Dioniso y este le entregó como regalo de boda una corona de oro que había tallado Hefesto. Fueron felices hasta que le llegó la hora de la muerte. Entonces, Dioniso la hizo inmortal lanzando la corona al cielo y convirtiéndola en la «Corona Boreal» para toda la eternidad, colocando así a su amada entre las estrellas.

Mientras tanto, en Creta, mi esposo Minos castigó a Dédalo a permanecer en el laberinto junto con su hijo Ícaro, ya que le había prometido que nadie podía salir de él pero Teseo lo había conseguido, y encima se había llevado a nuestra hija Ariadna. Dédalo, que era muy ingenioso, pensó que la única manera de escapar del laberinto era volando, pues no tenía techo; así que, con engaños, pidió al rey que le proporcionase cera y plumas. Con estos materiales, consiguió construir sendas alas para él y para su hijo. Dédalo advirtió a Ícaro de que no volase demasiado alto, pues el sol derretiría la cera de sus alas, ni demasiado bajo, ya que las olas del mar las mojarían. Pero Ícaro quiso tocar el sol, la cera se derritió y cayó fulminado al mar. En su honor, llamaron Icaria a una isla cercana. Dédalo llegó a Sicilia, donde lo acogió Cócalo, rey de Cámico. Al enterarse de su huida, mi esposo lo buscó por todo el país con un plan para encontrarlo: en todas partes por donde pasaba, mostraba una concha de caracol y un hilo, y ofrecía una recompensa a quien lograse pasar el hilo por las espirales del caracol, pero nadie daba con la solución. Cuando Minos llegó a Cámico, el rey le entregó el caracol a Dédalo, que ató el hilo a una hormiga y la hizo pasar por dentro del laberinto. Cócalo llevó el caracol a Minos y este se dio cuenta de que solo podía ser obra de Dédalo, por lo que dedujo que se encontraba escondido en el palacio del rey. Minos hizo confesar a Cócalo y le exigió que le entregase a Dédalo, pero Cócalo insistió en invitar primero a mi marido a que se diese un baño y disfrutase de la buena comida de su palacio. Lo que mi pobre esposo no podía sospechar es que el rey pidió a sus hijas que le escaldasen en la bañera con agua hirviendo, y así es como murió Minos.[3]

Por su parte, Teseo prosiguió su camino hacia Atenas acompañado por los otros jóvenes con los que había venido a Creta para ser la ofrenda del Minotauro. Las velas del barco de Teseo eran negras, pero antes de partir su padre le había pedido que, si todo salía bien, cambiase las velas negras por unas blancas, y así desde lejos él podría ver que su hijo estaba a salvo. Sin embargo, Teseo se olvidó de cambiar las velas y, cuando la nave estaba ya a la vista del Ática, Egeo las vio negras y pensó que su hijo había fracasado y estaba muerto. Roto de dolor, se tiró al mar y se mató, por eso el mar Egeo se llama así, en honor al rey que le da nombre.

Con la muerte de Egeo, Teseo se convirtió en el rey de Atenas y se casó con mi hija Fedra, pero esa historia es mejor que os la cuente ella misma.

---

3. Pierre Grimal, *Diccionario de mitología griega y romana*.

MI NOMBRE ES FEDRA, SOY HIJA DEL REY MINOS Y PASÍFAE; mi madre lo es también del Minotauro y de Ariadna, quien ayudó a Teseo a terminar con la vida de nuestro hermanastro, pero luego fue abandonada por el gran héroe en Naxos.

No tuve ningún remordimiento por casarme con Teseo a pesar de haber abandonado a mi hermana —aunque también es verdad que al final ella salió ganando, porque después de su abandono se encontró en Naxos con el dios Dioniso, que se enamoró de ella y la hizo su esposa— ni por matar a mi hermanastro, el Minotauro. En mi defensa diré que todo fue culpa de Afrodita, ¡maldita sea esa terrible diosa!

Después de la muerte de Egeo y de vencer a sus primos, los palántidas, Teseo asumió el poder en Ática; hubo una guerra con las amazonas, la Amazonomaquia, ya que habían invadido el país, pero al final se firmó la paz y Teseo tuvo un hijo con una amazona, llamado Hipólito. Todo esto ocurrió años antes de que Teseo y yo nos casáramos.

Hipólito, mi hijastro, era un joven cazador muy apuesto, pero célibe, pues era fiel seguidor de la gran Ártemis. Afrodita no estaba nada conforme con que el bello Hipólito la despreciara a ella y al matrimonio, así que se vengó, ¡ya lo creo que se vengó! ¡Ay, Hipólito! Todavía siento vergüenza de la carta que te envié:

> Tres veces he intentado hablar contigo y las tres veces se me trabó incapaz la lengua, las tres veces huyó de mí la voz. Ahora Amor me manda decir y escribir lo que no se debe. Él me ha dicho, cuando al principio dudaba si escribirte: «¡Escribe! Ese duro de corazón rendirá sus manos sometidas». Que él me asista, y que igual que a mí con su fuego devorador me recalienta las entrañas, así te clave a ti sus flechas en el corazón como yo deseo.[4]

Soy una desdichada, estoy pagando con este amor que siento hacia mi hijastro el destino de mi casta. Zeus amó a Europa, origen remoto de mi familia, y bajo la forma de toro se enmascaraba el dios. A un toro engañó Pasífae, mi madre, y se entregó a él, y el parto de su vientre fue también el peso de su culpa (el Minotauro). Y todo porque el Sol sor-

---

4. Ovidio, *Heroidas*, «Carta de Fedra a Hipólito».

prendió a Afrodita y Ares en adulterio y se lo contó todo a Hefesto; en venganza la diosa castigó a todos sus descendientes.

Hipólito se sintió impuro solo con leer mi carta. Me odió. Sentí tanto dolor como vergüenza al pensar en mi esposo, Teseo, y los dos hijos que tenemos en común. La única salida que podía encaminarme en mi desdicha para no perder mi honra era morir. Los gritos de la nodriza retumbaban por todo el palacio: «¡Ay, ay! ¡Se ha ahorcado la señora esposa de Teseo!». Teseo preguntó el motivo del barullo y le contaron que un lazo a modo de horca pendía de mi cuello. Corrió hacia mis aposentos y vio con sus propios ojos el horror, pero yo tenía que defender mi honra y la de mis hijos, así que sostenía en la mano una tablilla sellada con mi anillo que él leyó: «Hipólito osó atentar contra mi lecho».

Peter Paul Rubens, *La muerte de Hipólito*.

Entonces Teseo, presa de la ira y creyendo en todo momento mis palabras, desterró al joven Hipólito y pidió a Posidón que terminase con la vida de su hijo. Cuando Hipólito avanzaba por la costa del mar de Corinto, de las aguas emergió un toro entre olas rasgadas que hizo que Hipólito perdiese las riendas de sus caballos. Sus compañeros huyeron atemorizados.

Moribundo, alzó los brazos hacia el cielo y le pidió a Zeus que lo llevase al palacio de su padre para contarle que era inocente de lo que le había acusado su esposa, pero no hizo falta, porque Ártemis, a la que Hipólito veneraba, habló por él:

> A ti, Teseo, te ordeno que me escuches. La hija de Leto, Ártemis, te habla. ¿Por qué te complaces, desgraciado, de haber matado impíamente a tu hijo tras creer una infamia oscura por falsas frases de tu esposa? No llores, Teseo, y prepárate para lo que viene. Tú pediste al dios del mar que terminase con la vida de tu hijo y así lo hizo porque te hizo tres promesas, pero tú, tanto para él como para mí, resultas malvado porque sin pruebas lanzaste la maldición contra tu hijo. Aquí llega tu hijo destrozado apenas con un suspiro de vida, abrázale, pues todo ha sido un plan de la malvada Afrodita. Y a ti, Hipólito, mi más fiel seguidor y mi mortal más querido, te honraré en la ciudad de Trecén, pues las doncellas cortarán sus cabellos en tu honor. ¡Adiós!, pues no me es lícito contemplar a los muertos, ni manchar mis ojos con los estertores de la muerte y a ti te queda muy poco.[5]

«Padre, te perdono», dijo Hipólito con un último hilo de voz. Y Teseo, entre sollozos, cubrió el rostro de su hijo con un velo.

Exilio y muerte de Teseo

No podemos terminar sin hablar de la amistad de Teseo y Pirítoo, un héroe lapita. Pirítoo invitó a los centauros a su boda con Hipodamía porque eran parientes de ella, pero el vino en grandes cantidades no es buen amigo de los salvajes, y los centauros quisieron secuestrar y violar a la novia y al resto de las mujeres. Los lapitas, ayudados por Teseo,

---

5. Eurípides, *Hipólito*.

consiguieron reducir a los centauros y expulsarlos de Tesalia en la batalla que se conoce como la Centauromaquia.

La última aventura de los dos amigos fue que, tras el fallecimiento de sus respectivas esposas, quisieron casarse con hijas de Zeus: Helena sería para Teseo y Perséfone, para Pirítoo. Raptaron a Helena cuando todavía era una niña y la dejaron al cuidado de Etra, la madre de Teseo. Como Perséfone vivía en el Inframundo con Hades, los dos héroes convencieron a Caronte para que les llevase hasta el infierno. Cuando llegaron al Inframundo, Hades les ofreció hospitalidad y los invitó a sentarse en el trono del Olvido, pero de pronto sus carnes se adhirieron a las sillas y unas serpientes se enroscaron en sus cuerpos de manera que los dos se quedaron como prisioneros en el Inframundo.

Cuando Heracles, en uno de sus trabajos, tuvo que bajar al Inframundo a por Cerbero, vio a los dos amigos atados y pegados a una silla y quiso liberarlos, así que tiró fuerte de Teseo y consiguió despegarlo. Pero Pirítoo quedó allí para siempre porque, cuando fue a rescatarlo, la tierra tembló y Heracles comprendió que los dioses no le daban permiso para hacerlo. Teseo subió al mundo de los vivos con Heracles y lo envió a Atenas.[6]

Mientras Teseo estuvo prisionero, los hermanos de Helena, los dioscuros, tomaron Atenas y se llevaron a Helena y a la madre de Teseo, que pasaría a ser su nodriza a partir de entonces. Cuando Teseo regresó a Atenas, quien gobernaba la ciudad era Menesteo, que desterró a Teseo. El héroe llegó hasta una isla griega donde reinaba el rey Licomedes, quien, descontento con su presencia en la isla, le hizo subir a la colina más elevada y desde allí lo precipitó a traición al vacío. Menesteo siguió reinando en Atenas y, a su muerte, los hijos de Teseo y Fedra, Acamante y Demofonte, recuperaron el trono de Atenas.

El oráculo de Delfos señaló que los huesos de Teseo debían ser enterrados en Atenas. Un general ateniense llamado Cimón descubrió la tumba del héroe y le pudieron dar una digna sepultura a la altura de su grandeza.

---

6. Apolodoro, *Biblioteca mitológica*.

CAPÍTULO X

TROYA ANTES, DURANTE Y DESPUÉS DE LA GUERRA

MI NOMBRE ES ENONE, PROBABLEMENTE NO HABRÉIS OÍDO HABLAR DE MÍ, pero seguro que sí de Paris, mi esposo. Habéis leído bien: mi esposo. Soy una ninfa, hija del dios río Cebrén, y fui traicionada y abandonada. Os voy a contar mi historia.

Paris era hijo de Príamo y Hécuba, reyes de Troya, pero cuando su madre estaba embarazada soñó que daba a luz un tizón en llamas del que salían muchísimas serpientes.[1] Vaticinaron que esto podría ser premonitorio y que el niño traería la desgracia a su patria. Cuando nació le pusieron de nombre Alejandro y se lo dieron a unos criados con la orden de matarlo en el monte Ida, pero se apiadaron del niño y solo lo abandonaron. Unos pastores que pasaban por allí lo encontraron y lo criaron como si fuese su propio hijo, y le dieron el nombre de Paris. Pasaron los años y nos enamoramos, él era un pastor y cazador y yo le enseñaba dónde estaban las guaridas de las fieras, e incluso me iba con él y sus perros de cacería. Éramos felices.

Nuestra vida sencilla discurría sin penas hasta que un día llegó Hermes, enviado por Zeus, para que Paris fuese el juez imparcial en un certamen de belleza entre Hera, Atenea y Afrodita. Esto ocurrió en la cueva del centauro Quirón, donde se celebraba la boda de Tetis y Peleo a la que todos los dioses estaban invitados excepto Eris, la diosa de la discordia. Enojada por tal desplante, Eris se presentó de improviso en el banquete y arrojó entre los invitados una manzana de oro del jardín de las hespérides con una inscripción: «Para la más hermosa». Allí esta-

---

1. Higinio, *Fábulas mitológicas*, Fábula 91, Alejandro Paris.

ban Hera, Afrodita y Atenea, y las tres pensaban que eran merecedoras de la manzana, por lo que ya os podéis imaginar lo que ocurrió después.

Zeus no tenía ninguna intención de ser juez en esa batalla y sufrir la enemistad de las que no fuesen elegidas y, además, su esposa era una de las aspirantes al envenenado regalo, así que decidió entregarle la manzana a Hermes para que se la diese a un pastor que vivía en el monte Ida, con el objetivo de que fuera él quien decidiera de una manera imparcial; se trataba de Paris. Y allí se presentaron Hermes con la manzana y las tres diosas para que Paris eligiese a la más hermosa. Antes de eso, cada una de ellas le hizo un ofrecimiento que se cumpliría si salía elegida. Hera le prometió que, si la elegía a ella, reinaría en todo el mundo y sería el más rico de los hombres. Atenea, que sería el más fuerte de entre los mortales y experto en todas las artes; Afrodita le prometió darle en matrimonio a la más bella de entre todas las mujeres: Helena, hija de Tindáreo.[2]

Peter Paul Rubens, *El juicio de Paris*.

Paris observó atentamente a las tres hermosas diosas y, aunque dudaba, inclinó la balanza hacia Afrodita y el amor de la mujer más bella.

2. Higinio, *Fábulas mitológicas*, Fábula 92, El juicio de Paris.

Por este motivo, y como consecuencia de esta elección, Hera y Atenea apoyaron a los aqueos en la guerra contra los troyanos, ya que Helena estaba casada con el rey Menelao de Esparta.

Yo no podía creer que Paris hubiera elegido a Afrodita, la que le había prometido el amor de la mujer más bella. Lloró al despedirse de mí; no se amarran las raíces a la tierra de la forma en que sus brazos rodearon mi cuello para después raptar a una mujer adúltera. Mi corazón ardía más que los retortijones que provocaba Tifón al Etna. Por su culpa correrían ríos de sangre, por su culpa y por la bella griega caería su patria. «¡Ingenuo, Paris, yo te maldigo, esa laconia será tu perdición!».[3]

MI NOMBRE ES HELENA, FUI BENDECIDA POR LOS DIOSES para ser la mujer más hermosa de toda la Hélade. Tenía tantos pretendientes que mi padre, Tindáreo, los reunió a todos, reyes, nobles, guerreros... Él no sabía a quién elegir, porque no quería ofender a ninguno, así que Odiseo —que se encontraba también allí, pero no con la intención de casarse conmigo, sino con Penélope, la hija de mi tío Icario, el hermano de mi padre— le aconsejó que me diese a elegir a mi propio marido y que, antes de anunciar el veredicto, hiciese que los demás jurasen lealtad al elegido y acudiesen en su ayuda si lo necesitaba o si me volvían a raptar.[4] Todos aceptaron respetar mi decisión y prestaron el juramento. Odiseo obtuvo la mano de Penélope por el consejo que le dio a mi padre y tuvieron un hijo, Telémaco.

Tras examinar a todos los pretendientes, elegí a Menelao, el apuesto rey de Esparta y hermano de Agamenón, el poderoso rey de Micenas que estaba casado con mi hermana Clitemnestra. Se celebró la boda y de esta unión nació nuestra hija Hermione. A la muerte de Tindáreo, mi padre, Menelao y yo subimos al trono como reyes de Esparta.

Príamo y Hécuba, reyes de Troya, celebraban todos los años unos juegos en honor del príncipe Alejandro, al que daban por muerto. Unos soldados fueron al monte Ida a por buenos ejemplares de animales como trofeos para los ganadores. Se llevaron a un toro, pero casualmen-

---

3. Ovidio, *Heroidas*, «Carta de Enone a Paris».
4. Teseo y Pirítoo habían raptado a Helena, y Cástor y Pólux la liberaron.

te ese era el animal más preciado por Paris, así que para poder recuperarlo Paris se inscribió en el torneo. Enone, la esposa de Paris, intentó detenerlo. Le dijo que si se iba a Troya ya no volvería y que cuando lo hiriesen gravemente no acudiese a ella para que lo salvara con sus hierbas medicinales, gracias al conocimiento que ella poseía de la ciencia de la medicina que le había sido otorgado por Apolo. Pero Paris no la escuchó. Se dirigió a Troya y se inscribió en los juegos, en los que lucharía con grandes guerreros, incluidos los hijos del rey, como Héctor, al que derrotó.

Los guerreros se ofendieron por ser vencidos por un simple pastor y, empuñando sus armas, fueron a atacarle, pero Paris se refugió en el templo de Zeus. Allí lo reconoció Casandra, su hermana, a la que Apolo le había enseñado el don de la adivinación; pero como ella no quería ninguna historia de amor con él, Apolo la castigó haciendo que nadie creyese en sus vaticinios. Los reyes también reconocieron a Paris y lo aceptaron en la familia como príncipe troyano que era.

Por orden de su padre, Príamo, y acompañado por Eneas, Paris fue a rescatar a Hesíone, la hermana de Príamo que había sido secuestrada por los aqueos y que se encontraba en Salamina. Sin embargo, Afrodita hizo que los vientos los llevasen a la costa de Esparta donde mi esposo y yo les ofrecimos una generosa hospitalidad, pero nueve días después mi esposo Menelao tuvo que partir a Creta al funeral del rey Catreo, su abuelo. Menelao se fue y Paris se quedó. Entonces, de nuevo intervino Afrodita para cumplir con la promesa que le había hecho cuando le entregó la manzana de la discordia: la diosa hizo que mi corazón ardiese por Paris, y quedé completamente rendida ante su belleza casi divina.

Paris aprovechó la ausencia de Menelao para volver a Troya no solo conmigo, sino también con el tesoro de Esparta; los soldados intentaron impedírselo, pero él también traía un buen número de ellos, así que pudimos embarcar rumbo a Troya. Cuando por fin pisamos tierra troyana, formalizamos nuestra unión con una ceremonia nupcial. Mi secuestro consentido sería el detonante de la guerra de Troya.

La diosa Iris informó a Menelao de mi secuestro a manos de Paris. Agamenón, rey de Micenas y hermano de Menelao, que se encontraba también en Creta en el funeral de su abuelo, intentó aplacar su ira recordándole el juramento que habían hecho todos los griegos de fidelidad y lealtad hacia él si raptaban a su esposa. Cuando llegaron a Micenas, todos los hombres se presentaron para cumplir su juramento ante Agamenón y Menelao, y con ellos pudo formar un enorme ejército para rescatarme, pero el sabio Néstor dijo que sería una empresa imposible si no contaban con la presencia de Odiseo, rey de Ítaca, para luchar contra Troya.

Odiseo, temiendo que viniesen a buscarle para luchar contra los troyanos y tener que ausentarse de su patria dejando a su amada familia en Ítaca, fingió haberse vuelto loco para no ir. Se presentaron en Ítaca Agamenón, Menelao y Palamedes de Eubea para reclutarlo y se lo encontraron arando un campo tirado por un asno y un buey; vieron que estaba sembrando sal, pero Palamedes no se dejó engañar: puso a su pequeño hijo Telémaco delante del arado, lo que hizo que Odiseo lo detuviese para no pasar por encima de su hijo, destapándose así su fingida locura. Odiseo se tuvo que unir a la comitiva griega y nunca le perdonó a Palamedes que le hubiera descubierto; de hecho, decidió que se vengaría de él a la más mínima oportunidad.

A Odiseo le encomendaron la misión de encontrar a Aquiles, el hijo del rey Peleo y Tetis, que también era necesario, según el adivino Calcante, para vencer en Troya. Aquiles era un gran guerrero casi invulnerable, pues su madre lo había sumergido en la laguna Estigia para protegerlo, pero lo hizo cogiéndole del talón, que no llegó a tocar el agua, y este se convirtió en su punto débil.

Tetis sabía por la profecía que si su hijo se iba a luchar a Troya moriría, así que sus padres intentaron ocultarlo vistiéndolo de doncella y lo llevaron a la corte de Licomedes, donde viviría con las hijas del rey. Allí estuvo nueve años bajo el nombre de Pirra («la rubia»). Se unió en secreto con una de las hijas del rey, Deidamía, y tuvo un hijo con ella llamado Neoptólemo.

Odiseo se presentó en la corte de Licomedes junto con el guerrero Diomedes. El rey, que los recibió con mucha hospitalidad, les presentó a todas sus hijas, entre las que se encontraba Aquiles disfrazado de mujer. Odiseo colocó sobre una mesa muchos regalos, que ofreció a las princesas, entre los que había joyas, telas y objetos de bordar, además de un escudo y una espada. Uno de los hombres de Odiseo hizo sonar una trompeta, y mientras que las mujeres se asustaron, Aquiles cogió la espada y se puso en posición de combate. De esta manera Aquiles quedó desenmascarado y tuvo que marchar con todos sus hombres tras los héroes griegos. Tetis le dio a su hijo Aquiles una armadura divina fabricada por Hefesto.

Agamenón envió una delegación griega a Troya para que me devolviesen antes de tener que ir a la guerra, pero Príamo, que no sabía nada, les dijo que me devolverían siempre que yo, Helena, quisiese volver y a cambio de su hermana Hesíone.[5] La misión diplomática fracasó ya que no se llegó a ningún acuerdo, sino todo lo contrario. No hubo más remedio que ir a la guerra. Agamenón formó un enorme ejército y se reunieron todos los cabecillas griegos con sus hombres en Áulide, en la costa oriental de Beocia, para partir hacia Troya.

Una vez reunidos todos los caudillos con sus ejércitos, esperaron a que los vientos les fuesen favorables para partir, pero parece que los dioses no estaban dispuestos a ayudarlos, pues la calma se apoderó de Áulide, y aunque pasaban los días, la calma seguía. El adivino Calcante vaticinó que era provocada por la diosa Ártemis para vengarse de Agamenón, que había matado un ciervo sagrado y había cometido *hybris* con la diosa cuando dijo que ni la mismísima Ártemis era tan buena cazadora. Para calmar la ira de la diosa, el adivino reveló que tenían que sacrificar a Ifigenia, la hija del rey Agamenón.

Pero esta historia os la va a contar mejor la propia Ifigenia.

MI NOMBRE ES IFIGENIA, SOY LA HIJA DE AGAMENÓN,

comandante en jefe de todas las tropas griegas que se dirigían contra

---

5. Hesíone es hija del rey Laomedonte y hermana de Príamo. Posidón y Apolo construyeron la muralla de Troya a cambio de que Laomedonte les pagara un salario, pero este se negó a pagarles tras su finalización, lo que provocó la cólera de Posidón, que envió un monstruo marino que devoraba a todos los habitantes. El oráculo vaticinó que para aplacar al monstruo debían sacrificar a la hija del rey, Hesíone. Fue atada a una roca para que el monstruo la devorase cuando Heracles, que pasaba en ese momento por allí, se ofreció al rey para matar al monstruo a condición de que le diese como recompensa sus caballos. Laomedonte aceptó y una vez liberada Hesíone se negó a cumplir lo estipulado. En venganza, Heracles organizó años más tarde una expedición guerrera a Troya; el primero en franquear la muralla fue Telamón, al que Heracles le dio en recompensa la mano de Hesíone.

Troya, y de Clitemnestra, reina consorte de Micenas e hija de Leda y Tindáreo.

La armada griega se hallaba fondeada en Áulide a la espera de vientos favorables para su navegación; el oráculo de Calcante vaticinó que la única manera de que los vientos los condujesen a Troya era realizando un sacrificio a la diosa Ártemis: el mío. Mi padre, Agamenón, compungido por tener que sacrificar mi vida en pro de la Hélade, al principio se negó, pero su hermano Menelao lo convenció de que era lo mejor para el ejército y para el propósito de ese viaje a Troya, que no era otro que recuperar a su propia esposa, mi tía Helena, de las manos de Paris, que la había raptado. Tras convencer a mi padre, Menelao urdió un plan para llevarme hasta allí; mandó a un mensajero a nuestra casa con el falso pretexto de casarme con Aquiles. Los únicos aqueos que estaban al corriente de las verdaderas intenciones de mi tío eran mi padre, Agamenón, el adivino Calcante y Odiseo.

Mi padre se arrepintió, no podía sacrificar a su propia hija, así que mandó a un anciano esclavo a que llevase otra tablilla a mi madre, donde le decía que no fuésemos a Áulide, que ya me casarían en otra ocasión. Pero Menelao interceptó esa tablilla y se ofendió con mi padre por no cumplir lo que habían tramado en pro de la Hélade y de todo el ejército griego.

Llegué al campamento griego de Áulide con mi madre, Clitemnestra, y mi hermano Orestes. Mi hermana Electra se quedó en Micenas en un seguro gineceo.[6] Cuando vino mi padre, yo me puse loca de contenta al verle, lo abracé fuerte y noté que algo le preocupaba porque sus ojos derramaban lágrimas, pero él me dijo que eran de felicidad al verme, y yo le creí.

En realidad, mi padre iba a entregarme a Hades, no a Aquiles como nos había hecho creer. Mi madre no hacía otra cosa que preguntarle a mi padre por la boda, y él cada vez se sentía más acorralado; le pedía a mi madre que cogiese a mi hermano pequeño y se marchasen, pero mi madre decía que de ninguna manera, pues ella debía llevar la antorcha.[7]

---

6. El gineceo eran espacios exclusivos destinados a la actividad de las mujeres: esposa, hijas y sirvientas.

7. Según la tradición, durante el trayecto que debía recorrer la novia desde la antigua casa de sus padres hasta el nuevo hogar con su marido, la madre de la novia la acompañaba portando una antorcha.

Inesperadamente Aquiles entró en el campamento griego buscando a mi padre para preguntarle cuál era el motivo por el que aún no habían zarpado, porque los mirmidones[8] no dejaban de acosarle. Mi madre, que estaba dentro de la tienda, al escuchar la voz de Aquiles salió a saludarle. Él no sabía quién era ni qué hacía allí una mujer entre hombres armados con escudos; ella se presentó como hija de Leda y Tindáreo y futura suegra suya. Aquiles negó tal cosa y le ofendió que el comandante Agamenón hubiese mentido y usado su nombre sin su consentimiento porque, de saberlo, no se hubiese opuesto a contribuir a la estrategia común de aquellos hombres en cuya compañía iba a la guerra. El esclavo anciano que conocía el plan delató a mi padre y les contó que todo había sido una excusa para traerme y ofrecerme a la diosa Ártemis en sacrificio.

Mi madre se arrodilló ante Aquiles y le suplicó su ayuda: «¡Ампáranos, oh tú, hijo de la diosa,[9] a mí en mi desgracia y a la que se decía que era tu esposa!».[10] Aquiles la tranquilizó diciéndole que su marido había hecho un ultraje contra él y que le iba a prestar toda su ayuda y la de su ejército para que yo no fuese sacrificada, pero le exigió que intentase convencer antes a mi padre de no mandarme directamente al Hades. Mi madre le pidió explicaciones a mi padre, le contó que lo sabía todo y le expuso todos los argumentos razonables para frenar la barbaridad que iba a cometer: matar a su propia hija para rescatar a la mujer infiel de su hermano, Helena, que iba a ocasionar una guerra plagada de muertes. Mi padre asintió dándole la razón, pero el oráculo le obligaba a actuar así y, con todo el dolor de su corazón, yo debía morir.

Cuando volvió Aquiles para hablar con mi madre y preparar su plan, yo salí de la tienda y me dirigí a los dos diciendo:

> Como ya está decretado que yo muera, quiero hacerlo con nobleza, apartando a un lado de mi camino cualquier señal de bajeza. Toda la

---

8. Pueblo de guerreros valerosos que lucharon al lado de Aquiles en la guerra de Troya.
9. La madre de Aquiles es Tetis. El oráculo anunció que si Aquiles luchaba en la futura guerra de Troya moriría. Tetis cogió a su hijo y descendieron al mundo de los muertos, el Hades, para bañarlo en las aguas del río Estigia y así hacerlo inmortal, pero le sujetó por el talón de un pie que no llegó a sumergir, su punto débil.
10. Eurípides, *Ifigenia en Áulide*, Tragedias III.

poderosa Hélade tiene su mirada puesta en mí, en mis manos está la oportunidad de que las naves se hagan a la mar y la completa aniquilación de los frigios y que ya no se permita raptar a más esposas fuera de la Hélade por ningún bárbaro. Y tú, Aquiles, no debes enfrentarte a todos los argivos ni morir por mi culpa, y si ha sido voluntad de Ártemis hacerse con mi persona, no soy nadie para contradecir los designios de la diosa. Sacrificadme y saquead Troya.

Los dos se quedaron perplejos ante mi valentía, incluso Aquiles dijo que hubiese sido dichoso con nuestro matrimonio por haber hablado dignamente sobre mi patria. Mi madre empezó a llorar. Le dije que no viniese a presenciarlo y que no me guardase luto, sino que se sintiera orgullosa de mí. Llegado el momento del sacrificio, un esclavo vino a buscarme y atravesamos el bosque de Ártemis, repleto de flores, donde estaba congregado todo el ejército de los aqueos.
Me dirigí a mi padre con estas palabras:

Padre, aquí me tienes. Por el bien de mi patria y de toda la tierra helena, mi cuerpo de buen grado entrego a quienes me conduzcan al altar de la diosa para el sacrificio, si así reza el oráculo. Y por lo que a mí respecta, ojalá alcancéis el éxito, triunféis con lanza victoriosa y regreséis a la tierra patria.[11]

Dicho esto, me ofrecí en silencio, ante el mutismo de todos los presentes, atónitos por mi enorme coraje y valor y con la cabeza gacha para no ver cómo cortaban mi virginal cuello. El sacerdote cogió el puñal y, tras pronunciar las palabras de ofrenda a la diosa, dio un golpe seco; nadie pudo ver nada pues todos miraban al suelo apenados por mi muerte. Cuando levantaron la cabeza vieron que yo había desaparecido y en mi lugar había una cierva que yacía en el suelo entre convulsiones.
El adivino Calcante, dirigiéndose al ejército, proclamó que la diosa había aceptado con gusto ese sacrificio y que ya estaban listos para

---

11. Eurípides, *Ifigenia en Áulide*, Tragedias III.

abandonar la bahía de Áulide y atravesar el Egeo con vientos favorables para atacar a Ilión.[12]

No tardó el mensajero en ir a contarle a mi madre lo sucedido. Mi padre, aliviado por tal desenlace, le dijo: «Mujer, podemos considerarnos dichosos por nuestra hija, ya que en efecto se encuentra entre los dioses gozando de su compañía».[13]

Mi madre y mi hermano Orestes regresaron a Micenas, y mi padre zarpó en dirección a Troya.

Me convertí en sacerdotisa del templo de Ártemis en Táuride.

Corrado Giaquinto, *Sacrificio de Ifigenia*.

TRAS LA HISTORIA DE IFIGENIA, YO, HELENA, VUELVO A TOMAR LA PALABRA. La guerra estaba a punto de comenzar.

Un fuerte viento empezó a soplar y la armada griega, que ya estaba dispuesta, emprendió el viaje a Troya. El adivino Calcante vio un nido de pájaros que estaban siendo devorados por una serpiente y con ello

12. Troya.
13. Eurípides, *Ifigenia en Áulide*, Tragedias III.

vaticinó que la ciudad de Troya caería a manos de los aqueos, pero que tardarían diez años en conseguirlo. Más de mil doscientas naves cruzaron el Egeo con viento favorable hacia Troya.

Los dioses también tomaron parte en esta guerra: Afrodita, Ares, Apolo, Ártemis y Leto apoyaban a los troyanos; mientras que Hera, Atenea, Hermes, Posidón y Hefesto estaban de parte de los aqueos o griegos.

Los griegos tenían una gran flota; las figuras más destacadas fueron Agamenón, rey de Micenas; Menelao, rey de Esparta; Odiseo, rey de Ítaca; Diomedes, rey de Argos; y Filoctetes, un gran arquero al que Heracles le había regalado su arco y flechas envenenadas con la sangre de la hidra, por ser él quien encendió su pira funeraria. A Filoctetes le picó una serpiente en una parada que hicieron y, debido a la herida putrefacta, no podía soportar el dolor; sus gritos ponían nerviosa a toda la flota, por lo que Odiseo decidió abandonarlo en la isla de Lemnos. Con su poderoso arco sobrevivió en la isla durante casi diez años, hasta que lo rescataron y lo llevaron a Troya porque el oráculo aseguró que lo necesitaban para la victoria.

Entretanto Paris y yo llegamos a Troya y me presentó a sus padres, los reyes. Hécuba me preguntó si estaba allí por mi propia voluntad y le respondí que sí, que había crecido en mí un amor inmenso hacia Paris y que ahora los griegos me odiaban por haber abandonado Esparta. El rey Príamo me dijo que ahora estaba bajo la protección de Troya, y en ese momento pasé de ser Helena de Esparta a Helena de Troya.

Miles de guerreros griegos se aproximaban a las costas troyanas. Héctor, hijo de Príamo, era el comandante del ejército troyano. Cuando llegaron, los guerreros recordaron un oráculo que decía que el primer griego que pisara tierra troyana también sería el primero en morir, y este fue Prosetilao, hijo de Íficlo, que comandaba a los hombres de Fílacas. Fue el primer griego que murió en una lucha cuerpo a cuerpo con el héroe troyano Héctor.

Tras este suceso, Aquiles y su ejército de mirmidones saltaron a tierra y se enfrentaron a Cicno, hijo de Posidón, que era invulnerable por parte de su padre. Mantuvo una encarnizada lucha con Aquiles en la que ni la lanza ni la espada podían con él, pero al final, en un descuido de Cicno, Aquiles lo estranguló y el hijo de Posidón cayó muerto allí mismo en la playa.

Héctor se dio cuenta de que iba a ser una dura batalla cuando vio cómo luchaban Odiseo y Aquiles, y observando que no eran suficientes guerreros para parar a toda la flota griega, ordenó a sus hombres que se pusieran a salvo tras las grandes murallas troyanas que habían construido Apolo y Posidón.

Los aqueos, pasada esta batalla, pensaron que les iba a resultar fácil y rápido ganar la guerra, al contrario de lo que habían predicho los oráculos, pero la ciudad de Troya estaba rodeada por unas murallas infranqueables. Entre los griegos corría el rumor de que Troya no podría ser tomada si Troilo, el hijo menor de Príamo y Hécuba, llegaba a la edad de veinte años, pero Aquiles, poco tiempo después de que las tropas griegas desembarcaran en Troya, lo atravesó con su flecha cuando salió con su caballo a un abrevadero. Aquiles les devolvió a Troilo muerto sobre su caballo y los troyanos lloraron su muerte temiéndose lo peor.

Pasaba el tiempo y los aqueos no podían acceder a la ciudad por las magníficas murallas levantadas por los dioses, las provisiones escaseaban y la moral del ejército iba cuesta abajo. Palamedes llegó desde Tracia con un barco lleno de víveres, lo que hizo que el ejército lo admirase y vitorease como un héroe que se ocupaba del bienestar de los demás, pero esto no gustó a Agamenón porque hacía peligrar su liderazgo, y mucho menos a Odiseo, que se la tenía jurada desde que fue a buscarlo a Ítaca.

Era el momento de vengarse de él, y para ello Odiseo obligó a un troyano a escribir una carta supuestamente enviada por Príamo en agradecimiento por sus servicios y además escondió en la tienda de Palamedes una caja llena de monedas de oro como pago por el favor. Agamenón interceptó la carta y acusó a Palamedes de alta traición cuya condena sería la lapidación, una muerte deshonrosa para un héroe. Nauplio, su padre, mandó retirar todas las tropas de su hijo de Troya y se vengó de todos los héroes griegos haciendo correr el rumor entre sus esposas de que sus maridos tenían amantes troyanas, induciéndolas a unas al adulterio, como a Clitemnestra, esposa de Agamenón, y a otras al suicidio. Pero Penélope se mantuvo firme con la esperanza de la vuelta de su amado Odiseo.

Los troyanos necesitaban refuerzos aliados para poder combatir a los aqueos y llegó a la costa el ejército dardanio encabezado por Anquises, padre de Eneas.[14] Iban pasando los años y los aqueos fueron conquistando y saqueando las ciudades aliadas de Troya, como Tebas. Pero no solo invadían territorios, también se quedaban con las mujeres que se les antojaban: Aquiles capturó a Briseida, que fue su amante, y también a Criseida. Agamenón reclamó a Criseida para sí y Aquiles se la dio de buen grado, por temor a que eligiese a Briseida, de la que Aquiles se había enamorado. Crises, un sacerdote de Apolo y padre de Criseida, se presentó ante Agamenón y le pidió audiencia; reclamaba que le devolviesen a su hija, pero Agamenón se negó, pues era su esclava preferida y le tenía gran afecto. Entonces Crises rogó venganza a Apolo, porque no lo habían respetado como su sacerdote. El dios escuchó sus súplicas y mandó la peste al ejército aqueo, que fue matando a multitud de ellos.

El adivino Calcante conocía el motivo de esta plaga y, por temor a Agamenón, se encomendó a Aquiles para que lo protegiese. Calcante acusó a Agamenón de que la peste la había provocado él ofendiendo a Apolo por no devolver a Criseida a su padre, que era su sacerdote. La peste desaparecería cuando Agamenón se la devolviese. Agamenón aceptó devolver a Criseida a cambio de Briseida, lo que enfureció a Aquiles, pero Atenea calmó su ira diciéndole que en poco tiempo volvería a tener a Briseida. Aquiles le dijo a Agamenón que ya no contase con él ni con su ejército de mirmidones. Criseida fue devuelta a su padre e hicieron sacrificios a Apolo.

Al conocer la situación del enemigo (cuyas tropas estaban debilitadas por la peste y desmoralizadas por la noticia de que Aquiles, el gran guerrero que les iba a ayudar a vencer, se retiraba junto con su poderoso ejército), Héctor aprovechó la oportunidad. El ejército troyano se presentó ante los aqueos y Paris desafió a cualquier comandante griego a un duelo a muerte. Menelao aceptó. A Paris le entró miedo y se refugió en su hermano Héctor, quien, indignado por su comportamiento, lo acusó de cobarde y lo obligó a cumplir su palabra. El premio al vencedor del duelo entre Paris y Menelao sería quedarse con todos los

---

14. Hijo de Afrodita.

tesoros y conmigo, Helena de Troya. El rey Príamo y toda la familia vieron el duelo desde lo alto de las murallas. La superioridad de Menelao sobre Paris era evidente, pero cuando Menelao iba a dar el último golpe que terminaría con la vida del troyano, se formó una gran nube entre los dos y apareció la diosa Afrodita, que se llevó a Paris de allí para salvarlo.

Entonces intervinieron Hera y Atenea, alentando a los aqueos a luchar contra los griegos en una batalla detrás de otra. Apolo y Ares apoyaban a los troyanos, a quienes también empujaban a luchar. Durante uno de los lances de la batalla, el héroe aqueo Diomedes hirió con su lanza a Afrodita y Ares, con la protección de Atenea. Después de esto, Zeus prohibió a los dioses volver a intervenir.

Héctor, con la vergüenza de tener un hermano tan cobarde, se presentó en el campo de batalla y lanzó un grito pidiendo un duelo, al que se presentó Áyax, pero ninguno pudo vencer al otro y se declaró un empate entre los dos bandos.

La moral de los aqueos estaba por los suelos, pues Zeus favorecía a Troya. Los comandantes se reunieron en asamblea en la tienda de Agamenón y le recordaron que la presencia de Aquiles era necesaria o si no estaban perdidos; le pidieron que reconsiderase devolverle a Briseida y entregarle grandes tesoros para que volviese a luchar, pero la cólera de Aquiles habló y no se dejó intimidar.

Diomedes y Odiseo salieron del campamento para espiar al enemigo y se encontraron a un espía troyano llamado Dolón. Con el cuchillo de Diomedes en su cuello, el espía les contó que la noche anterior había llegado Reso, hijo del rey tracio, como aliado para ayudar a los troyanos, y que estaban acampados fuera de las murallas con sus veloces caballos blancos. Los dos héroes dieron muerte a todos ellos mientras dormían.

Tras otra gran batalla entre griegos y troyanos, los tres guerreros más importantes —Agamenón, Odiseo y Diomedes— resultaron heridos.

Los troyanos accedieron al campamento griego y quemaron muchas de sus naves; parecía que esta vez los troyanos les sacaban mucha ventaja. Los dioses del Olimpo a favor de los aqueos —Hera, Atenea y Posidón— no podían hacer nada para ayudarlos porque así lo había prohibido Zeus, pero Hera en su argucia quiso engañar a Zeus con las armas de Afrodita, el amor; la diosa se vistió con sus mejores galas, se puso perfume por todo el cuerpo y el cinturón de Afrodita, que la hacía irresistible. Fue a buscar a Sueño, hermano de la muerte y le dijo:

> ¡Sueño, rey de todos los dioses y de todos los hombres! Si en otra ocasión escuchaste mi voz, obedéceme también ahora, y mi gratitud será perenne. Adormece los brillantes ojos de Zeus debajo de sus párpados, tan pronto como, vencido por el amor, se acueste conmigo. Te daré como premio un trono hermoso, incorruptible, de oro; y mi hijo Hefesto, el cojo de ambos pies, te hará un escabel que te sirva para apoyar las nítidas plantas, cuando asistas a los festines.[15]

Sueño no quiso hacer lo que le pedía Hera, pues era muy peligroso atentar contra Zeus; entonces Hera le prometió a la más joven de las gracias como esposa si le ayudaba, y esta vez Sueño respondió así:

> Ea, jura por el agua inviolable de la Éstige, tocando con una mano la fértil tierra y con la otra el brillante mar, para que sean testigos los dioses de debajo de la tierra que están con Crono, que me darás la más joven de las gracias, Pasitea, de la cual estoy deseoso todos los días.[16]

Hera se presentó en el monte Ida, donde se encontraba Zeus, y suscitó una pasión irrefrenable en él nada más verla. El dios la cubrió con una nube dorada que ni el sol con su luz podría atravesarla para ser vistos. Sueño cumplió con su parte del trato y, cuando Zeus se quedó dormido, los dioses tomaron partido luchando como lo hacían los guerreros. Héctor fue herido en una pierna, pero se la curaron, porque Zeus despertó y entendió todo lo que había planeado su esposa; así que regresó al campo de batalla con la grandeza que tienen los héroes.

Patroclo, el amigo íntimo de Aquiles, le pidió entre sollozos que volviese a ayudar a sus compañeros:

---

15. Homero, *Ilíada*, «Canto XIV: Engaño de Zeus».
16. *Ibid.*

Oh, Aquiles, hijo de Peleo, ¡el más valiente de los aqueos! No te irrites, porque es muy grande el pesar que los abruma. Los que antes eran los más fuertes, heridos unos de cerca y otros de lejos, yacen en las naves, con arma arrojadiza fue herido el poderoso Diomedes Tidida; Odiseo, famoso por su lanza y Agamenón, a Eurípilo le dispararon con una flecha en el muslo. […] ¿A quién podrás ser útil más tarde, si ahora no salvas a los argivos de muerte indigna? […] Si te abstienes de combatir por algún vaticinio que tu veneranda madre enterada por Zeus, te haya revelado, envíame a mí con los demás mirmidones, por si llego a ser la aurora de la salvación de los dánaos; y permite que cubra mis hombros con tu armadura para que los troyanos me confundan contigo y cesen de pelear.[17]

Aquiles cedió ante las palabras de Patroclo, pero le pidió que no intentase enfrentarse a Héctor. De pronto, el carro de Aquiles, dirigido por Patroclo y los mirmidones, apareció en el campo de batalla; al verlo, los troyanos se asustaron y muchos huyeron, pero Patroclo dio muerte a innumerables guerreros troyanos. Se enfrentó con Sarpedón, hijo de Zeus, y Patroclo le asestó un golpe mortal. Olvidando el consejo que Aquiles le había dado de que no persiguiera a los troyanos que huían, fue tras ellos hasta las murallas. Entonces Zeus, irritado por haberle dado muerte a su hijo Sarpedón, envió a Apolo para que debilitase a Patroclo rompiéndole la lanza y el carro, dejando al héroe indefenso. Después, Héctor atravesó el cuerpo de Patroclo con su lanza y se llevó su armadura.

Cuando Aquiles se enteró por Antíloco, su dolor se convirtió en cólera y, entre lágrimas, se dirigió a la playa, adonde acudió su madre, Tetis. Aquiles le contó lo sucedido y ella le aseguró que al día siguiente le daría una armadura mejor fabricada por Hefesto, la mejor y más brillante armadura dorada que se hubiera visto jamás. Y así fue, Tetis se presentó a la mañana siguiente con la armadura.

Aquiles visitó la tienda de Agamenón para disculparse y decirle que volvía al campo de batalla, y este le devolvió todos sus tesoros y a Briseida. Aquiles deseaba vengar la muerte de Patroclo con una ira desmedida, enviando a todos los troyanos directamente al Hades. Zeus levan-

---

17. Homero, *Ilíada*, «Canto XVI: Patroclea».

tó el castigo a los dioses y les permitió volver a intervenir en la guerra, y tras eso empezaron a luchar en combates entre ellos.

Eneas se enfrentó a Aquiles en duelo; si quería pasar a Troya, debía pasar por encima de él. Posidón, aunque odiaba a los troyanos, tuvo que intervenir para salvar a Eneas, porque los dioses así lo querían; levantó una nube entre ambos e hizo desaparecer a Eneas llevándoselo a un lugar seguro.

Parecía que Aquiles iba a terminar con la guerra ese día, ya que no dejaba de matar a un troyano tras otro junto con su ejército de mirmidones, llenando el río Escamandro de sangre, lo que enfureció al río, que lanzó un muro de agua hacia Aquiles y lo golpeó hasta ahogarle; pero Hefesto, por petición de Hera, arrojó una abrasadora llama que incendió la llanura y quemó muchos cadáveres de guerreros que habían muerto a manos de Aquiles, y el agua dejó de correr.

Aquiles se salvó de ser ahogado por intervención divina, pero su ira iba en aumento: solo quería matar a Héctor para vengar la muerte de su amado Patroclo. Cuando lo tuvo delante, Aquiles ordenó a su ejército que dejasen de lanzar flechas pues quería terminar él mismo con su vida. Zeus pidió que le trajesen su balanza de oro para ver de qué lado se inclinaría y decidir así el destino de Héctor. Las moiras decidieron que moriría.

Príamo y toda su familia presenciaban desde lo alto de la muralla el combate entre Aquiles y su hijo. Los dos héroes se enfrentaron cuerpo a cuerpo como lo que eran, los mejores. Tras una larga lucha, Aquiles atravesó el cuello de Héctor con su lanza al tiempo que se escuchaban los gritos de sus padres y esposa. Héctor rogó a Aquiles que su cuerpo fuera entregado a su familia para que le honrasen tributos fúnebres, pero Aquiles le respondió que su cuerpo sería pasto de perros y aves carroñeras.

> Te lo ruego por tu alma, por tus rodillas y por tus padres: ¡No permitas que los perros me despedacen y devoren junto a las naves aqueas! Acepta el bronce y el oro que en abundancia te dará mi padre y mi veneranda madre, y entrega a los míos el cadáver para que lo lleven a mi casa, y los troyanos y sus esposas lo entreguen al fuego.[18]

---

18. Homero, *Ilíada*, «Canto XXII: Muerte de Héctor».

Con una cuerda Aquiles ató los tobillos de Héctor a su carro y arrastró su cuerpo, exponiéndolo a todos los ciudadanos de Troya, que vieron perdidas todas sus esperanzas de vencer a los aqueos. Luego se llevó el cuerpo de Héctor al campamento griego y lo dejó a merced de los perros. Una vez vengado Patroclo, Aquiles dio a su amigo un funeral digno y el espíritu de Patroclo encontró el descanso en los Campos Elíseos.

Tetis, la madre de Aquiles, se presentó en su tienda para advertir a su hijo de que los dioses estaban muy irritados por retener a Héctor, y le pidió que entregase el cadáver a su familia y aceptase su rescate. Zeus envió a Iris, la mensajera de los dioses, para decirle al rey Príamo que fuese a rescatar a su hijo:

> Soy mensajera de Zeus, que, aun estando lejos, se interesa mucho por ti y te compadece. El Olímpico te manda rescatar al divino Héctor, llevando a Aquiles dones que aplaquen su enojo. Ve solo, sin que ningún troyano se te junte, acompañado de un heraldo más viejo que tú, para que guíe los mulos y el carro de hermosas ruedas, y conduzca luego a la población el cadáver de aquel a quien mató el divino Aquiles. Y cuando hayas entrado en la tienda del héroe, este no te matará e impedirá que los demás lo hagan. Pues Aquiles no es un insensato ni un temerario ni un perverso y tendrá buen cuidado de respetar a un suplicante.[19]

Los hijos de Príamo se opusieron a que fuese él solo al campamento de Aquiles, pero no los escuchó, pues estaba ansioso por recuperar el cuerpo de su mejor hijo y, guiado y protegido por Hermes, llegó con su carro al campamento de Aquiles. Doce días llevaba el cuerpo de Héctor en el suelo sin que se lo comiesen los perros ni se pudriera, pues Afrodita lo había rociado con ambrosía, y no se veía ni rastro de ninguna herida ni sangre ni desgarros.

Príamo se presentó ante Aquiles, le abrazó las rodillas, besó sus manos y le dirigió estas palabras:

> Acuérdate de tu padre, Aquiles, semejante a los dioses, que tiene la misma edad que yo y ha llegado al funesto umbral de la vejez. [...] Cin-

---

19. Homero, *Ilíada*, «Canto XXIV: Rescate de Héctor».

cuenta hijos tenía cuando vinieron los aqueos… a ese tú lo mataste mientras combatía por la patria, a Héctor, por quien vengo ahora a las naves de los aqueos, a fin de redimirlo de ti, y traigo un inmenso rescate. Pero, respeta a los dioses, Aquiles, y apiádate de mí, acordándote de tu padre; que yo soy todavía más digno de piedad, puesto que me atreví a lo que ningún otro mortal de la tierra: a llevar a mi boca la mano del hombre que mató a mis hijos.[20]

Conmovido por el discurso de Príamo, Aquiles le devolvió el cuerpo de su hijo e hicieron una pausa de once días de tregua para tributarle honores fúnebres.

La guerra no había terminado, pero los troyanos, sin Héctor, tenían miedo y no salían de las murallas. Príamo temía haber perdido a casi todos sus hijos valientes, solo le quedaban Paris y Deífobo, los más cobardes, por lo que se encontraba perdido y no sabía que hacer. Pero la Aurora trajo a las amazonas, guerreras hijas de Ares, encabezadas por Pentesilea, que acudió en auxilio de Príamo. Ellas alentaron al ejército troyano, que recobró el ánimo para seguir luchando de nuevo contra el ejército aqueo.

Los griegos se sorprendieron de que un ejército de mujeres a caballo se dirigiese a luchar contra ellos con tanta ferocidad y valentía. Tuvo lugar una de las batallas más violentas de toda la guerra: Pentesilea atacó a Aquiles y este persiguió a la guerrera con sus caballos divinos; tuvieron un enfrentamiento directo hasta que la reina fue herida de muerte. Aquiles se acercó a la valiente guerrera y, al quitarle el casco, se quedó perplejo ante su belleza y devolvió el cuerpo a sus súbditos para que honraran a la gran guerrera.

Ya habían pasado casi diez años y los griegos querían poner fin a la guerra, pero apareció Memnón, hijo de Eos, diosa de la aurora, que llegó con un ejército de etíopes para luchar por Troya. Aquiles quiso intervenir, pero su madre se lo impidió porque estaba escrito que, si luchaba con el hijo de la Aurora, en muy poco tiempo Aquiles moriría también. Memnón se enfrentó a Antíloco, amigo íntimo de Aquiles e hijo de Néstor, y le quitó la vida.

---

20. Homero, *Ilíada*, «Canto XXIV: Rescate de Héctor».

Aquiles, tal y como había hecho con su amigo Patroclo, tenía que vengar ahora a Antíloco. Sin hacer caso de las advertencias de su madre, se enfrentó a Memnón. Los dos eran hijos de diosas: Aquiles de Tetis y Memnón de Eos, y ambas se dirigieron a Zeus para que intercediese por su hijo, pero Zeus dijo que contra las moiras nada podía hacer. El rey de los dioses pesó en una balanza el destino de los dos héroes en presencia de sus respectivas madres, y la balanza se inclinó a favor de Aquiles. Eos se llevó el cuerpo de su hijo a Etiopía mientras lloraba; sus lágrimas son las gotas de rocío que vemos cada mañana.

Douris y Kalliades, *Eos levantando el cuerpo de su hijo Memnón*.

Tras matar a Memnón, Aquiles quiso penetrar las murallas, pero Apolo le dijo que nunca superarían los muros de Troya. Mientras Aquiles luchaba a las puertas de Troya dando muerte a troyanos sin parar, Apolo guio el arco de Paris y disparó una flecha contra el talón de Aquiles, su único punto débil, por lo que la herida resultó mortal y el más grande de todos los guerreros griegos falleció.

Los troyanos quisieron robar el cuerpo y las armas de Aquiles, pero Áyax y Odiseo se lo impidieron. Áyax rescató el cuerpo de Aquiles, que fue llorado por todos los griegos. Aquiles fue honrado en un solemne funeral y sus huesos se enterraron junto a los de su amigo Patroclo, haciendo que los dos amigos se volvieran a reunir, esta vez en los Campos Elíseos.

Tetis ofreció la armadura de Aquiles a quien hubiese dado más ayuda a su hijo. Áyax dijo que él era merecedor de ella porque salvó el cuerpo de las garras de los troyanos, pero Odiseo también quería la armadura, alegando que fue él quien encontró a Aquiles. Como los dos tenían razón, se batieron en un duelo para convencer al resto y que decidiesen en votación. Odiseo tenía más don de palabra que Áyax, así que votaron en su favor. Áyax enfermó por la humillación recibida y Atenea lo volvió loco, de tal manera que quiso matar a Agamenón, Menelao y Odiseo, pero cuando creía que les había dado muerte, Atenea disipó su locura y se dio cuenta de que a quien había herido fatalmente había sido a tres corderos. Ahora sí que estaba indignado y humillado por las burlas que había recibido y decidió lanzarse contra su propia espada.

Calcante avisó a los líderes aqueos de que nunca vencerían a Troya sin las armas de Heracles, alguien con la sangre de Aquiles y el talismán que protegía la ciudad de Troya, que estaba en un templo dentro de las murallas. Odiseo se encaminó a la corte de Licomedes, donde encontró el cuerpo de Aquiles y, junto a él, a su hijo Neoptólemo, quien le entregó la armadura y las armas de su padre y lo acompañó de regreso a Troya. El príncipe Eurípilo, que luchaba a favor de Troya, encontró la muerte a manos de Neoptólemo, y los troyanos vieron la misma imagen de su padre en él. Esto dio ánimos a los griegos para que continuaran con la batalla.

Odiseo, por su parte, tenía que encontrar las armas de Heracles, que sabía que estaban en manos de Filoctetes, quien fue abandonado en la isla de Lemnos por orden del propio Odiseo. Filoctetes se negó a ayudarlo, pues no le perdonaba que le hubiese abandonado, pero se le apareció el espíritu de Heracles y lo obligó a ir a Troya, donde fue curado de la herida que seguía teniendo en el pie.

Ya en el campo de batalla, Neoptólemo estaba luchando en la muralla. Paris, que estaba al mando de los arqueros situados encima de la muralla, en cuanto vio al hijo de Aquiles tensó su arco para lanzarle una flecha, pero entonces Filoctetes disparó a Paris con una de las flechas envenenadas con la sangre de la hidra de Lerna.

Ningún médico troyano tenía la cura para las heridas venenosas de la hidra, pero entonces Paris recordó a Enone, la ninfa a la que había jurado amor eterno y a la que después abandonó por mí. Una comitiva con Paris en una camilla fue a buscar a la ninfa para que lo curase. Pero cuando ella supo la noticia, igual que una leona enfurecida a la que le han arrebatado su cachorro, se negó a salvarlo, pues no se lo merecía. Dijo que lo curase su nueva esposa, o sea, yo. Paris murió y yo lloré su muerte sin saber cuál sería mi destino.

La ninfa Enone se arrepintió y preparó el remedio lo más rápido que pudo, esperando encontrar vivo a su antiguo amor, pero lo que encontró fue la pira funeraria de Paris.[21] El dolor se apoderó de ella, las lágrimas la cegaban, y se sintió culpable, pues lo seguía amando, así que tomó impulso y se lanzó a la pira encendida para arder abrazada junto a él.

Una vez muerto Paris todos los troyanos me odiaban, me consideraban culpable de todas las desgracias que estaban recayendo sobre la ciudad.

Odiseo entró en Troya disfrazado de mercader para robar el talismán protector de la ciudad, como había dicho el adivino Calcante. Engañó a los troyanos para entrar, pero yo lo reconocí; sin embargo, no lo traicioné porque quería volver a mi patria y, como me arrepentía de todo lo que había pasado por mi culpa, lo ayudé a robar el paladio de la diosa Atenea.

Después de diez años quedaba un último asedio. Por sugerencia de Atenea, construyeron un enorme caballo de madera para ocultar la tropa griega en su interior. Una vez que estuvo acabado, los griegos incendiaron su campamento y zarparon para engañar a los troyanos, haciéndoles creer que habían abandonado por no poder atravesar las terribles murallas.

Cuando los troyanos encontraron el caballo en la playa pensaron que era una ofrenda a la diosa Atenea para tener un buen viaje de vuelta a casa y decidieron meterlo en la ciudad, sin hacer caso a las advertencias de Casandra ni al sacerdote Laocoonte, que les advirtieron de que era una trampa mortal.

21. Apolodoro, *Biblioteca mitológica*.

Giambattista Tiepolo, *La entrada del caballo en Troya*.

Tuvieron que derribar parte de las murallas para introducir el caballo en la ciudad. Llegada la noche, los soldados griegos encabezados por Odiseo sorprendieron a los guardias que lo escoltaban, avisaron a los aqueos que estaban escondidos fuera de las murallas e hicieron literalmente arder Troya en un baño de sangre que asoló toda la ciudad.

Neoptólemo atravesó el pecho del rey Príamo con su espada y Menelao, que no dejaba de buscarme por todas partes, me encontró junto a Deífobo, mi nuevo esposo, al que mató sin piedad. Yo pensaba que sería la siguiente en morir con la misma espada, y esa era la intención de Menelao, pero Afrodita envió un aura de luz que destacaba aún más mi belleza y Menelao volvió a caer rendido a mis pies sin ser capaz de matarme. Yo me dirigí a Menelao para implorar su perdón mientras lloraba y le abrazaba, y lo obtuve.

Llevando a su padre Anquises a horcajadas, Eneas pudo escapar acompañado por su hijo Ascanio, su esposa, Creusa, y algunos ciudadanos troyanos. Tomaron dirección al Lacio, donde fundarían una nueva y poderosa ciudad: Roma.

Gian Lorenzo Bernini, *Eneas, Anquises y Ascanio*.

Saqueo de Troya

¿Qué pasó con las mujeres troyanas tras el saqueo de Troya? **MI NOMBRE ES HÉCUBA, REINA DE TROYA** y huérfana de hijos, sin esposo, sin ciudad, y aniquilada por completo, os voy a contar mi terrible historia, pero antes cedo la palabra a Posidón:

>Yo, Posidón, vengo del salado abismo del mar y desde que Febo (Apolo) y yo edificamos las altas torres de Troya, he favorecido siempre a esta ciudad destruida ahora por el ejército argivo, quienes fabricaron un caballo preñado de armas contaminando Troya de una carga funesta.
>Los templos de los dioses destilan sangre y Príamo, rey de Troya, moribundo, cayó a los pies del altar de Zeus. Los griegos ahora esperan

que sople un viento favorable que les proporcione el placer de abrazar a sus esposas e hijos, ya que han estado diez años lejos de ellos.

Vencido por Hera y Atenea, que derribaron juntas Troya, abandono mis altares. ¡Adiós, Troya!, feliz en otro tiempo y reducida ahora a cenizas.

Atenea, depuesta nuestra antigua enemistad, ahora desea que la vuelta de los aqueos sea infortunada; ella que los defendió antaño está ofendida porque no han respetado sus templos. Que graves borrascas retiemblen en el mar, que revuelvan sus olas saladas y se llene de cadáveres.

Yo estaba condenada a la amargura desde que Paris, mi hijo, fue hasta el lecho de Helena debido a la disputa que el joven resolviera entre las tres diosas de entregar la manzana de la discordia, lanzada en la boda de Tetis y Peleo, a la más bella.

Todas las mujeres, aterrorizadas, nos encerramos en los templos abrazándonos a las estatuas de los dioses, implorando ayuda por nuestro incierto futuro, cuando entró Taltibio, heraldo del ejército aqueo, a anunciarnos una ley sancionada por los griegos.

Fuimos sorteadas para ser esclavas de distintos dueños. ¡Ay de mí! Antes reina y ahora esclava. «¡Desventurada de mí! ¡No puede ser más funesto mi destino!».[22] A mi hija Casandra la eligió para sí el rey Agamenón; el hijo de Aquiles eligió a la pobre Andrómaca, esposa de mi hijo Héctor; Políxena fue destinada al servicio de la tumba de Aquiles; y yo, ¡ay!, esclava de Odiseo, rey de Ítaca.

Pero ¿qué ley es esta de los griegos que se lleva a mi hija a la tumba de Aquiles?[23]

La arrancaron de mis brazos y Políxena, mirando directamente a los ojos de Neoptólemo (hijo de Aquiles) y descubriéndose el pecho, le dijo: «¡Sírvete ya de mi noble sangre!». El hierro le desgarró el pecho y esa herida fue mi herida también.

Mientras, Andrómaca lloraba también porque el hijo de Aquiles quería casarse con ella y vivir en el palacio de los que mataron a su marido; le aconsejé que fuese fuerte y le insistí en que su hijo, mi nieto, sería la última esperanza para que Troya fuera reedificada.

22. Eurípides, *Las troyanas*.
23. Aquiles surgió de una grieta en la tierra y pidió que Políxena fuese sacrificada en su tumba como parte del botín en la contienda.

Pero las desgracias nunca vienen solas. Odiseo convenció a todos de que el hijo de Héctor no debía vivir, así que lo arrojaron desde las altas torres de Troya, y a mí me volvieron a arrancar la vida.

Lo había perdido todo, para soportar el dolor solo me quedaba un hijo, el menor de todos, Polidoro, a quien pusimos a salvo cuando comenzó la guerra como huésped de Poliméstor, rey de Tracia. Pensaba esto cuando las troyanas llamaron mi atención; no podía creer lo que estaba viendo. Mi hijo Polidoro yacía en la orilla del mar. Príamo envió oro de palacio junto con su hijo. Mientras Troya resistió, Polidoro tuvo una vida acomodada, pero cuando su padre y su hermano Héctor murieron, Poliméstor asesinó al niño para hacerse con el tesoro y arrojó su cadáver al mar. Mientras yo gritaba rota de dolor, se acercó Agamenón: «¿Dónde está la justicia de los huéspedes?, ¿cómo asesinas a este niño sin compasión? Agamenón, te suplico que me ayudes a vengarme del abominable tracio que ha roto las leyes de la hospitalidad por codicia».[24]

Cuando la ira se mezcló con el dolor, olvidando mis cabellos plateados y la poca fuerza que me quedaba, pedí que llamasen a Poliméstor, autor del sanguinario crimen, para entregarle un tesoro oculto a mi hijo. Su codicia le haría venir. Agamenón lo dispuso todo y se presentaron ante mí Poliméstor y sus hijos. Ayudada por mis fieles troyanas, con cuchillos que ocultamos bajo los peplos, dimos muerte a sus dos hijos. Y con ira hundí mis dedos en sus pérfidos ojos hasta arrancárselos. Poliméstor salió de la tienda a tientas, lamentándose de lo sucedido, y allí se presentó Agamenón, a quien quiso convencerle de que había matado a mi hijo porque estaba del lado de los aqueos. Agamenón le recriminó que lo había aniquilado por el oro y le recordó que matar a un huésped es un acto deshonroso.

Al verse vencido, profetizó nuestro futuro, pues el adivino de los tracios se lo había revelado: «Tú, Hécuba, te convertirás en una perra de ojos encendidos y el nombre de tu tumba será conocido como Cinosema, el "Sepulcro de la Perra", un cabo en la costa del Quersoneso tracio. Y a ti, Agamenón, te espera la muerte cuando llegues a Argos junto a Casandra de la mano de Clitemnestra, tu esposa, con la ayuda de su amante Egisto».

---

24. Eurípides, *Hécuba*.

Y así sucedió. Mi suerte conmovió a mis compatriotas troyanos y a mis enemigos pelasgos, pero también a los dioses, hasta tal punto que Hera, la reina de las diosas, reconoció que no merecía tal fin.

Y como el viento se lleva el humo, así pereció mi patria.

Johann Georg Trautmann, *La caída de Troya*.

El retorno de los griegos

MI NOMBRE ES PENÉLOPE, SOY LA ESPOSA DE ODISEO. Le he esperado muchos años y le guardaba fidelidad; para disuadir a mis pretendientes, dije que me casaría cuando terminase de tejer la mortaja de Laertes.[25]

De día tejía y de noche deshacía lo tejido, porque no perdía la esperanza de volver a abrazar a mi esposo. «¡Ay! ¡Ojalá que al acercarse su barco a las costas lacedemonias se hubiera ahogado el adúltero en una furiosa tempestad!».[26]

Todos los griegos habían vuelto ya a sus casas con sus respectivas esposas, pero Odiseo no regresaba, y ya habían pasado casi veinte años.

25. Padre de Odiseo.
26. Ovidio, *Heroidas*, «Carta de Penélope a Ulises». Pensamiento de Penélope, se refiere a Paris y Helena.

«Y mientras hago tontamente esas cábalas, puede que ya seas esclavo de un amor extranjero».

Odiseo puso rumbo a Ítaca cuando cayó Troya y tras muchos días de peligro en el mar llegó a una isla fértil donde habitaban feroces cíclopes, que se dedicaban al pastoreo y vivían en cavernas rocosas. Odiseo y sus compañeros entraron sin saberlo en la caverna de Polifemo. Los griegos encontraron allí unos cabritos, que mataron, asaron y con ellos se dieron un gran festín. Pero al anochecer entró Polifemo con su rebaño y cerró la entrada con una gran losa de piedra. Cuando el cíclope los vio, cogió a dos marineros por los pies y los devoró. Polifemo los mantuvo encerrados en su cueva e iba devorando a los compañeros de Odiseo. Odiseo, en venganza, tramó un plan: cogió una estaca de madera de olivo, la afiló y la escondió. Entonces ofreció a Polifemo un cuenco de vino y luego otro y otro... Y se presentó:

—Mi nombre es Nadie.

—A ti te comeré el último, amigo Nadie.

Cuando el cíclope cayó dormido, Odiseo y sus compañeros le clavaron la estaca de madera en su único ojo, dejándolo completamente ciego:

—¡Estoy ciego y sufro terriblemente y Nadie tiene la culpa!

Polifemo apartó la piedra de la entrada mientras gritaba y los otros cíclopes solo pensaban que era un pobre infeliz. Odiseo ató a sus compañeros bajo el vientre de los carneros para que, al palparlos, no tocase a nadie montado y de esa forma salieron de allí. Lo que no sabía Odiseo es que Polifemo era hijo de Posidón, y le prometió venganza.

Llegaron a la isla de Éolo, guardián de los vientos, quien los acogió durante un mes y les entregó un odre que contenía los vientos para que les ayudasen en su regreso, pero los compañeros de Odiseo lo abrieron creyendo que era vino y se perdieron. Tras siete días navegando, llegaron al país de los lestrigones, donde perdió a muchos hombres puesto que los habitantes eran caníbales.

A Odiseo solo le quedaba una nave y la dirigió hacia el este. Tras un largo viaje llegaron a la isla de la aurora, Eea, gobernada por la hechicera Circe. Odiseo envió a la mitad de su tripulación a que reconocieran el lugar y puso a la cabeza a Euríloco. Después de caminar por frondosos bosques descubrieron un palacio. Circe los recibió muy amablemente, ofreciéndoles un banquete, y todos aceptaron excepto Euríloco, que se quedó vigilando. Circe sacó su varita y, tras tocar con ella a cada uno de los marineros, aquel salón de pronto parecía una piara, pues los había convertido en cerdos. Euríloco, atemorizado, corrió a avisar a Odiseo y este decidió ir personalmente a salvar a sus compañeros. Nada hubiera podido hacer si no se llega a encontrar con Hermes por el camino, quien le confió el secreto para evitar las brujerías de Circe: una planta mágica llamada «moly».

Odiseo se adentró en el palacio y allí estaba Circe, esperándolo con una copa de alguna bebida envenenada. Mezcló la bebida con la moly y bebió. Circe le tocó con su varita, pero, ¡sorpresa!, Odiseo permaneció insensible al encantamiento. Cogió su espada pero, cuando fue a matarla, ella prometió devolver la apariencia humana a sus marineros.

Circe se enamoró de Odiseo y pasaron un año juntos en la isla, pero llegó la hora de su partida... Yo llevaba veinte años esperándolo.

La hechicera indicó a Odiseo que debía bajar al Inframundo a buscar al adivino Tiresias, quien le diría cómo volver a Ítaca. Además, le advirtió del peligro de las sirenas, y que debían taparse los oídos con cera para no escuchar su canto y perecer. Una vez en el barco, Odiseo pidió que lo ataran al mástil y no lo soltasen por mucho que él lo pidiera, porque sería su perdición.

Todavía les quedaba enfrentarse a un peligro mayor: Escila y Caribdis. Escila era un monstruo marino situado en el estrecho de Mesina, paso marítimo que separa Calabria de Sicilia. Tras nueve días a la deriva provocados por el remolino de Caribdis, Odiseo desembarcó en la isla Ogigia, donde vivía Calipso, quien lo recibió diciéndole: «Si te quedas conmigo gozarás de la inmortalidad y juventud eterna». Odiseo permaneció junto a Calipso siete años, pero él deseaba volver a su patria, así que tuvo que intervenir Zeus para que Calipso le dejara en libertad con un beso de despedida y una suave brisa.

Posidón, que había prometido vengar a su hijo Polifemo, arrojó a Odiseo por la borda con una ola gigante, pero él consiguió volver a subir a su barca. La diosa Leucótea se posó junto a él en forma de gaviota con un velo en el pico y le prometió que ese velo lo salvaría. Posidón envió otra ola que hizo añicos la balsa, pero Odiseo enrolló el velo a su alrededor y se alejó nadando hasta llegar agotado a la costa, donde Nausícaa, hija del rey Alcínoo y la reina Arete, lo condujo a palacio. Tras escuchar su historia, lo enviaron de vuelta a Ítaca con un buen navío.

Mientras Odiseo iba solo de vuelta a casa, nuestro hijo Telémaco partió hacia el Peloponeso con Atenea disfrazada de su mentor y llegó a Pilos, el reino de Néstor, un héroe de la guerra de Troya. Néstor no pudo darle noticias de su padre, pero sí de Agamenón, que había muerto a manos de su esposa y amante, y de Menelao, que había estado ocho años en Egipto. Le recomendó que fuese a preguntarle a Menelao, que ya había vuelto a Esparta con Helena.

Llegaron justo cuando se celebraba la boda de Neoptólemo y Hermione, hija de Menelao y Helena, que reconocieron a Telémaco porque les recordó a su padre. Menelao le dijo que su padre estaba destinado a volver a casa y le aconsejó que regresara conmigo para dar una lección a mis pretendientes cuando retornase su padre.

Mientras tanto, Odiseo llegó a una isla y preguntó a un pastor dónde se encontraba y este le dijo que estaba en Ítaca; Odiseo se inventó una historia para ocultar su identidad, pero resulta que ese joven era en realidad Atenea. La diosa le dijo que debía buscar a Eumeo, un pastor que en su ausencia había ayudado a criar a Telémaco. Además, le hizo adoptar el aspecto de un anciano mendigo, a quien Eumeo recibió con mucha hospitalidad.

Telémaco entró en la casa de Eumeo y Odiseo se quedó perplejo al ver a nuestro hijo. Atenea devolvió a Odiseo su apariencia verdadera y ambos se abrazaron entre llantos. Le preguntó cuántos eran los pretendientes de su madre y mi hijo le dijo que decenas. Odiseo pidió a Telémaco que guardase silencio sobre su regreso.

Odiseo se dirigió al palacio, donde tumbado en el suelo estaba Argos, su perro, que, aunque ya tenía muchos años y estaba débil, al ver a su amo levantó el rabo de alegría. Después de veinte años, Argos murió como si le hubiese estado esperando para despedirse.

Odiseo se mezcló con los pretendientes y Antínoo quiso echarle, pero el resto no le dejó y tuvo que pelearse con otro mendigo llamado Iro por el sitio. En ese momento entré al salón, arreglada por Atenea y con una belleza espectacular, aunque ya no era tan joven. Pregunté al mendigo si sabía algo de mi marido y este me dijo que pronto regresaría a casa, y al momento mis lágrimas empezaron a brotar de alegría, por lo que, en agradecimiento, ordené a mi criada que le lavase los pies. La vieja Euriclea reconoció la cicatriz del pie del mendigo y vio que solo podía ser Odiseo, pero él le pidió que le guardase el secreto.

Yo estaba angustiada, porque al día siguiente tenía que elegir a mi nuevo marido entre los pretendientes. Llegó el día de elegir y les impuse una prueba a los pretendientes; el reto consistía en doblar el arco de Odiseo y lanzar una flecha pasando por el agujero de doce hachas alineadas. Los pretendientes fracasaron uno tras otro y Odiseo ordenó a todos los criados que se metiesen en sus habitaciones tras revelarles que él era el rey, que había vuelto.

Como ningún pretendiente fue capaz de doblar el arco, el mendigo pidió que le dejasen intentarlo. Los pretendientes se indignaron por tal insolencia, pero Eumeo le entregó el arco al mendigo, que lo dobló sin ninguna dificultad y, apuntando certeramente, lanzó una flecha que pasó por los doce agujeros. El rey reveló entonces su identidad y junto a su hijo se armó una batalla en la que dieron muerte a todos mis pretendientes.

Yo dudaba de que aquel hombre fuese en realidad mi esposo y no un dios, y Odiseo se quedó decepcionado por lo fría que me mostré. Pidió que le preparasen su cama porque quería descansar; yo le dije a la criada que le llevase a otro lecho, pero Odiseo dijo que quería el suyo, el que había construido con sus propias manos con la madera de un olivo. Al escuchar esas palabras, mis ojos se llenaron de lágrimas, pues solo él podía saber eso, y entonces me lancé a su cuello y a sus besos.

Sí, mi querido esposo había vuelto a casa.

FIN

BIBLIOGRAFÍA

Apolodoro, *Biblioteca mitológica*, Alianza Editorial, Madrid, 2016.
Apolonio de Rodas, *Argonáuticas*, Gredos, Madrid, 1996.
Apuleyo, *El asno de oro*, Gredos, Barcelona, 2023.
Aristófanes, *Los pájaros. Las ranas. Las asambleístas*, Alianza Editorial, Madrid, 2017.
Burkert, Walter, *Cultos mistéricos antiguos*, Editorial Trotta, Madrid, 2005.
—, *Religión griega arcaica y clásica*, Abada Editores, Madrid, 2007.
Detienne, Marcel, *Los jardines de Adonis*, Akal, Madrid, 2019.
Diodoro de Sicilia, *Biblioteca histórica*, Gredos, Madrid, 2004.
Eratóstenes, *Mitología del firmamento (Catasterismos)*, Alianza Editorial, Madrid 2022.
Esquilo, *Los siete contra Tebas*, Akal, Madrid, 2013.
Eurípides, *Andrómaca*, en *Tragedias I*, Cátedra Letras Universales, Madrid 2023.
—, *Hécuba*, en *Tragedias I*, Cátedra Letras Universales, Madrid 2023.
—, *Hipólito*, en *Tragedias I*, Cátedra Letras Universales, Madrid 2023.
—, *Ifigenia en Áulide*, en *Tragedias III*, Cátedra Letras Universales, Madrid 2023.
—, *Las fenicias*, en *Tragedias III*, Cátedra Letras Universales, Madrid 2023.
—, *Las suplicantes*, en *Tragedias II*, Cátedra Letras Universales, Madrid 2023.
—, *Las troyanas*, en *Tragedias II*, Cátedra Letras Universales, Madrid 2023.
—, *Medea*, en *Tragedias I*, Cátedra Letras Universales, Madrid 2023.

García Gual, Carlos, *Diccionario de mitos*, Siglo Veintiuno de España Editores, Madrid, 2003.

—, *Introducción a la mitología griega*, Alianza Editorial, Madrid, 2004.

Grimal, Pierre, *Diccionario de mitología griega y romana*, Paidós, Barcelona, 2019.

Herrero de Jáuregui, Miguel, *Catábasis. El viaje infernal en la Antigüedad*, Alianza Editorial, Madrid, 2023.

Hesíodo, *Teogonía*, Alianza Editorial, Madrid, 2021.

Higinio, *Fábulas mitológicas*, Clásicos de Grecia y Roma, Alianza Editorial, Madrid, 2009.

Homero, *Himnos*, versiones clásicas. Traducción: Luís Segalá y Estalella.

—, *Ilíada*, versiones clásicas. Traducción: Luís Segalá y Estalella.

—, *Odisea*, versiones clásicas. Traducción: Luís Segalá y Estalella.

Luciano de Samósata, «Prometeo», *Diálogo de los dioses*, Gredos, Madrid, 1996.

Marqués, Néstor F., *¡Que los dioses nos ayuden! Religiones, ritos y supersticiones de la antigua Roma*, Espasa, Barcelona, 2021.

Ovidio, *Cartas de las heroínas*, Gredos, Madrid, 1994.

—, *Metamorfosis*, Austral, Barcelona, 2021.

Pausanias, *Descripción de Grecia, Libros I-II*, Gredos, Madrid, 1994.

Sófocles, *Antígona*, Cátedra Letras universales, Madrid, 2023.

—, *Edipo en Colono*, Cátedra Letras Universales, Madrid, 2023.

—, *Edipo rey*, Cátedra Letras Universales, Madrid, 2023.

—, *Las traquinias*, Cátedra Letras Universales, Madrid, 2023.

CRÉDITOS DE LAS IMÁGENES

Capítulo I. El origen
- Pág. 23: Giorgio Vasari, *Crono castrando a su padre Urano*. © Photo Scala, Florence.
- Pág. 24: Sandro Botticelli, *El nacimiento de Venus*. © Photo Scala, Florence - cortesía del Ministero Beni e Att. Culturali e del Turismo.
- Pág. 26: Francisco de Goya, *Saturno devorando a su hijo*, Museo Nacional del Prado. © Photo MNP / Scala, Florence.
- Pág. 27: *Rea entrega a Crono una piedra envuelta en pañales*. © Veneranda Biblioteca Ambrosiana/DeAgostini Picture Library/Scala, Florence.
- Pág. 28: Peter Paul Rubens, *La caída de los titanes*. © Photo Scala, Florence.
- Pág. 30: Giulio Romano, sala de los gigantes en el Palacio del Té de Mantua. © Photo Scala, Florence.

Capítulo II. Mito de las razas
- Pág. 38: Paul Merwart, *El diluvio*. Dominio público vía Wikimedia Commons.
- Pág. 39: Jan Cossiers, *Prometeo trayendo el fuego*, Museo Nacional del Prado. © Photo MNP / Scala, Florence.
- Pág. 42: Charles Edward Perugini, *La caja de Pandora*. © Ann Ronan/Heritage Images/Scala, Florence.
- Pág. 44: Peter Paul Rubens, *Prometeo encadenado*. © The Philadelphia Museum of Art/Art Resource/Scala, Florence.

- Pág. 48: Juan Bautista Martínez del Mazo, *Deucalión y Pirra después del diluvio*, Museo Nacional del Prado. © Photo MNP / Scala, Florence.

Capítulo III. Los dioses del Olimpo
- Pág. 50: Pintor de Cleofrades, *Posidón sujetando el tridente*. © Photo Scala, Florence/bpk, Bildagentur fuer Kunst, Kultur und Geschichte, Berlín.
- Pág. 52: *El triunfo de Posidón y Anfítrite con la pareja en procesión* (detalle de un gran mosaico romano), Museo del Louvre. © White Images/Scala, Florence.
- Pág. 54: Paolo Fiammingo, *Apolo y Posidón castigando Troya*. © The Museum of Fine Arts Budapest/Scala, Florence.
- Pág. 58: Antonio Correggio, *Júpiter e Ío*. © Photo Austrian Archives/Scala Florence
- Pág. 61: Peter Paul Rubens, *Mercurio y Argos*, Museo Nacional del Prado. © Photo MNP / Scala, Florence.
- Pág. 64: Luca Ferrari, *Júpiter y Sémele*. © DeAgostini Picture Library/Scala, Florence
- Pág. 67: *Penteo descuartizado por las bacantes*, Casa de los Vetti, Pompeya. © Photo Scala, Florence – cortesía del Ministero Beni e Att. Culturali e del Turismo.
- Pág. 71: Peter Paul Rubens, *Diana y Calisto*, Museo Nacional del Prado. © Photo MNP / Scala, Florence.
- Pág. 73: Tiziano, *Rapto de Europa*. © Photo Fine Art Images/Heritage Images/Scala, Florence.
- Pág. 75: Leonardo da Vinci, *Leda y el cisne*. © Photo Scala, Florence – cortesía del Ministero Beni e Att. Culturali e del Turismo.
- Pág. 81: Gian Lorenzo Bernini, *Apolo y Dafne*. © Photo Scala, Florence – cortesía del Ministero Beni e Att. Culturali e del Turismo.
- Pág. 83: Jean Broc, *La muerte de Jacinto*. © Photo Scala Florence/Heritage Images.
- Pág. 84: Claude-Marie Dubufe, *Apolo y Cipariso*. © Photo Scala Florence/Heritage Images.
- Pág. 87: Kylix con Apolo, Museo de Delfos. © Photo Scala, Florence.

- Pág. 90: Jean Goujon, *Diana apoyada en un ciervo*. © Photo Josse/Scala, Florence.
- Pág. 91: Tiziano, *Diana y Acteón*. © The National Gallery, London/Scala, Florence.
- Pág. 93: Nicolas Poussin, *Paisaje con Orión ciego buscando al sol* (detalle). © The Metropolitan Museum of Art/Art Resource/Scala, Florence.
- Pág. 95: Fidias, *Friso de las Panateneas* (443-438 a. C.), Museo del Louvre. © Josse/Scala, Florence.
- Pág. 98: Diego Velázquez, *Las hilanderas o la fábula de Aracne*, Museo del Prado. © Photo MNP / Scala, Florence.
- Pág. 101: Diego Velázquez, *La fragua de Vulcano*, Museo del Prado. © Photo MNP / Scala, Florence.
- Pág. 102: Alexandre-Charles Guillemot, *Marte y Venus sorprendidos por Vulcano*. Dominio público, vía Wikimedia Commons.
- Pág. 104: Frederic Leighton, *Clitie*. Dominio público, vía Wikimedia Commons.
- Pág. 105: Gian Lorenzo Bernini, *Hermafrodito durmiente*, Museo del Louvre. © DeAgostini Picture Library/Scala, Florence.
- Pág. 109: Tiziano, *Venus y Adonis*, Museo del Prado. © Photo MNP / Scala, Florence.
- Pág. 112: Jean-Léon Gérôme, *Pigmalión y Galatea*. © The Metropolitan Museum of Art/Art Resource/Scala, Florence.
- Pág. 114: Guido Reni, *Hipómenes y Atalanta*, Museo Nacional del Prado. © Photo MNP / Scala, Florence.
- Pág. 115: Fuente de Cibeles, Madrid. © DeAgostini Picture Library/Scala, Florence.
- Pág. 124: Antonio Canova, *Psique reanimada por el beso del amor*. © DeAgostini Picture Library/New Picture Library/Scala, Florence.
- Pág. 128: Charles-Amédée-Philippe van Loo, *La elevación del Gran Elector al Olimpo* (detalle de Mercurio/Hermes). Dominio público, vía Wikimedia Commons.
- Pág. 131: Peter Paul Rubens, *Vulcano forjando los rayos de Júpiter*, Museo Nacional del Prado. © Photo MNP / Scala, Florence.

Capítulo IV. Los infiernos. Hades, Deméter y Perséfone
- Pág. 137: Joachim Patinir, *El paso de la laguna Estigia*, Museo Nacional del Prado. © Photo MNP / Scala, Florence.
- Pág. 140: Kylix de figuras rojas con Perséfone y Hades, atribuido al Pintor de Codros. © The Trustees of the British Museum c/o Scala, Florence.
- Pág. 141: Gian Lorenzo Bernini, *El rapto de Proserpina*. © Photo Scala, Florence.
- Pág. 145: Frederic Leighton, *El regreso de Perséfone*. Dominio público, vía Wikimedia Commons.
- Pág. 146: Tiziano, *Ticio*, Museo Nacional del Prado. © Photo MNP / Scala, Florence.
- Pág. 148: Anónimo (imitación de José de Ribera), *Tántalo*, Museo Nacional del Prado. © Photo MNP / Scala, Florence.
- Pág. 149: Tiziano, *Sísifo*, Museo Nacional del Prado. © Photo MNP / Scala, Florence.
- Pág. 150: Jules-Élie Delaunay, *Ixión arrojado al Hades*. Dominio público, vía Wikimedia Commons.
- Pág. 151: John William Waterhouse, *Las danaides*. © Christie's Images, London/Scala, Florence.
- Pág. 153: Peter Paul Rubens, *Orfeo y Eurídice*, Museo Nacional del Prado. © Photo MNP / Scala, Florence.
- Pág. 154: John William Waterhouse, *Ninfas encuentran la cabeza de Orfeo*. Dominio público, vía Wikimedia Commons.

Capítulo V. Jasón y los argonautas
- Pág. 162: Eugène Delacroix, *Medea furiosa*. © Photo Josse/Scala, Florence.

Capítulo VI. La Argólida. Perseo
- Pág. 165: Artemisia Gentileschi, *Dánae*. Dominio público, vía Wikimedia Commons.
- Pág. 168: Benvenuto Cellini, *Perseo con la cabeza de Medusa*. © Photo Scala, Florence.

Capítulo VII. Heracles

- Pág. 171: *Heracles niño matando a las serpientes*, Museo Capitolino, Roma, II d.C. Dominio público, vía Wikimedia Commons.
- Pág. 172: Peter Paul Rubens, *Nacimiento de la Vía Láctea*, Museo Nacional del Prado. © Photo MNP / Scala, Florence.
- Pág. 184: Francisco de Zurbarán, *La muerte de Hércules*. Dominio público, vía Wikimedia Commons.

Capítulo VIII. Historia mítica de Tebas. Edipo

- Pág. 191: Gustave Moreau, *Edipo y la esfinge*. © The Metropolitan Museum of Art/Art Resource/Scala, Florence.

Capítulo IX. Creta y Atenas. Teseo y el Minotauro

- Pág. 204: Jean Lemaire, *Dédalo construye la vaca de madera para Pasífae*. Dominio público, vía Wikimedia Commons.
- Pág. 205: *Minotauro en el regazo de Pasífae*, kylix de figuras rojas. Dominio público, vía Wikimedia Commons.
- Pág. 207: Nicolas Poussin, *Teseo encuentra la espada de su padre*. © DeAgostini Picture Library/Scala, Florence.
- Pág. 212: Peter Paul Rubens, *La muerte de Hipólito*. © The Fitzwilliam Museum, Cambridge/Scala, Florence.

Capítulo X. Troya antes, durante y después de la guerra

- Pág. 216: Peter Paul Rubens, *El juicio de Paris*, Museo Nacional del Prado. © Photo MNP / Scala, Florence.
- Pág. 224: Corrado Giaquinto, *Sacrificio de Ifigenia*, Museo Nacional del Prado. © Photo MNP / Scala, Florence.
- Pág. 234: Douris y Kalliades, *Eos levantando el cuerpo de su hijo Memnón*. © Museo del Louvre, París, Francia/Scala, Florence.
- Pág. 237: Giambattista Tiepolo, *La entrada del caballo en Troya*. © The National Gallery, London/Scala, Florence.
- Pág. 238: Gian Lorenzo Bernini, *Eneas, Anquises y Ascanio*. © Photo Scala, Florence – cortesía del Ministero Beni e Att. Culturali e del Turismo.
- Pág. 241: Johann Georg Trautmann, *La caída de Troya*. Dominio público, vía Wikimedia Commons.